U0644724

没有比人更高的山

遇见·汪国真

著

他遇见了诗

我们遇见了他

没有比脚更长的路

生活·讀書·新知 三联书店

Copyright © 2017 by SDX Joint Publishing Company.
All Rights Reserved.

本作品版权由生活·读书·新知三联书店所有。
未经许可，不得翻印。

图书在版编目（CIP）数据

遇见·汪国真／窦欣平著. —北京：生活·读书·新知三联书店，
2017.9
ISBN 978 – 7 – 108 – 05924 – 6

Ⅰ.①遇…　Ⅱ.①窦…　Ⅲ.①汪国真（1956-2015）－传记
Ⅳ.① K825.6

中国版本图书馆 CIP 数据核字（2017）第 129301 号

责任编辑　唐明星
装帧设计　刘　洋
责任校对　龚黔兰
责任印制　宋　家
出版发行　**生活·讀書·新知** 三联书店
　　　　　（北京市东城区美术馆东街 22 号　100010）
网　　址　www.sdxjpc.com
经　　销　新华书店
印　　刷　北京市松源印刷有限公司
版　　次　2017 年 9 月北京第 1 版
　　　　　2017 年 9 月北京第 1 次印刷
开　　本　635 毫米×965 毫米　1/16　印张 20.5
字　　数　225 千字　图 70 幅
印　　数　00,001－10,000 册
定　　价　49.00 元
（印装查询：01064002715；邮购查询：01084010542）

谨献给汪国真及一个属于诗歌的时代

目 录

● 序　相识与偶遇　　　　　　　　　　　　　　　　*1*

第一章　习主席引用了他的诗　　　　　　　　　　*1*

第二章　光阴里的故事　　　　　　　　　　　　　*8*

第三章　敲开文学之门　　　　　　　　　　　　　*34*

第四章　工作、爱与求索　　　　　　　　　　　　*50*

第五章　诗人的成名作　　　　　　　　　　　　　*66*

第六章　开启"汪国真年"　　　　　　　　　　　*80*

第七章　校园里的热潮　　　　　　　　　　　　　*96*

第八章　舆论之端的博弈　　　　　　　　　　　　*110*

第九章　走进中南海　　　　　　　　　　　　　　*126*

第十章　艺术并不是独角戏　　　　　　　　　　　*137*

第十一章　拿起"金话筒"　　　　　　　　　　　*152*

第十二章　有实力就有机遇　　　　　　　　　　　*163*

第十三章　当生命邂逅了死神　　　　　　　　　　*176*

第十四章　深深父子情　　　　　　　　　　　　　*186*

第十五章　音乐是人生的新维度　202

第十六章　假新闻风波　215

第十七章　诗人的音乐会　229

第十八章　两岸诗人聚首中原　245

第十九章　点滴友情汇成海　257

第二十章　最后的时光　272

第二十一章　身后的潮　284

后记　296

附录一　汪国真大事年表　298

附录二　汪国真主要著作出版年表　305

序

相识与偶遇

1956 年 6 月 22 日出生在北京的汪国真，于 2015 年 4 月 26 日凌晨，悄然病逝于北京中国人民解放军第三〇二医院。

这位在中国当代诗歌史上占有一席之地的著名诗人，一生只度过了短暂的 59 个春秋，却留下了许多传奇。有人称他是一位饱受争议的诗人，一面拥有如火的读者，另一面却遭遇诗坛的冷遇和文学评论界的讥评。成败自有定论，就像汪国真所说的，"人民认为你是诗人，你就是诗人，如果不被人民承认，你就什么也不是"。事实上，如果我们走进汪国真的创作历史就会发现，他的诗创造了新中国成立以来诗歌最为辉煌的一个时期，在 20 世纪 90 年代初期，说"有华人的地方，就有汪国真的诗"绝不为过。那是一个属于汪国真的时代，媒体将汪国真诗歌在当年引发的全国性热潮称为"汪国真现象"，这个现象持续了长达五年之久；五年之后，诗人并未落寞，一直到他在病床上与世长辞，长达 25 年的时间里，汪国真的诗歌不断被出版社出版、再版，诗集发行量创新诗出现以来中国诗集作品中的发行量之最。而 25 年间，他的诗集更未间断过被盗版的命运。

汪国真的传奇还在于他的多才多艺。他不仅是位诗人，还是书法家、画家和作曲家。他生前向往古代诗人的才学，把诗、书、画、曲四艺皆精作为奋斗目标。汪国真与那些只树立理想却不践行的人不同，他的行动是和理想同步的。早在 1993 年，汪国真就开始习练书法，他天资聪慧，再加上勤学苦练，很快就有了很大的提升。他的书法自成一体，虽然在书坛未必能脱颖而出，但在诗人圈、作家圈里，却是小有名气的。曾师从吴镜汀、徐悲鸿、李可染等大家的中国书法家协会顾问王学仲先生撰文说："汪国真的书法笔画舒展、神采飞扬，可谓潇洒、遒劲、大气磅礴！"这样的评价，是汪国真书法最好的注解。

诗人的名气，加上书法的实力，使汪国真的书法很受人喜爱和追捧。不过，他没有肆意乱写，除了无比慷慨地满足诗友、文友的求赠之外，对于商业性的书法创作却十分谨慎。不难发现，风景名胜区的邀约是他的首选，于是，他的很多作品留在了名山大川的碑石上。人生只有几十载，镌刻在山川上的书法却能流传于后世——所以说，汪国真一定是心存抱负的。

书法风生水起时，绘画也相伴而行。汪国真的画以牡丹、竹为主，或许是因为这样的题材雍容淡雅，能给予他内心的宁静，所以汪国真才情有独钟。此外，他的音乐事业也在 2000 年起步，汪国真在少年时就喜爱音乐，之后他透过诗歌的韵律找到写作与作曲之间的相通之处，通过自学，一步步推出了自己的音乐作品，最终跻身作曲家之列，曾在北京音乐厅成功地举办了个人专场音乐会，音乐作品亦被收录于中国音乐学院的教程。

汪国真，就是这样一位卓越的诗人。

因为缘分，我有幸结识了他。

那是 2003 年的年底，我尚在新华社某期刊担任执行主编，正在为杂志筹划的一场论坛邀请嘉宾。我的好友、亦是我的主管领导张宝瑞先生向我推荐了汪国真。汪国真的名字我当然知道。我在上中学的时候就读过他的诗，在那个信息闭塞的年代，有同学说他是台湾的诗人，可是我总有一种错觉，诗人这么有名，一定是已经作古了。这种想法很可笑，皆源自我心底的那种因崇拜而产生的距离感。那日，张宝瑞先生说起了这个名字，自然令我十分兴奋，而后又听他讲述了与汪国真结识并因志趣相投成为好友的故事。自此，我更是对与汪国真的相见充满向往。就在那一年的冬季，在我策划组织的论坛上，第一次见到了久闻大名的诗人，他的朴素、儒雅、淡定与平和都给我留下了深刻的印象。

很快，我们又有了交集。2004 年 8 月，北岳文艺出版社推出了"京城四大怪才"丛书，分别是汪国真的《国真私语》、张宝瑞的《宝瑞真言》、司马南的《司马白话》和吴欢的《吴欢酷论》。新书出版后不久，于 2005 年 1 月 16 日下午，在北京中关村书城举行了一次签售会。这四本书中，只有《宝瑞真言》是一本传记，因为我是这本传记的作者之一，便与四位名家一同参加了活动。我的位置是在最左边，右侧挨着的就是汪国真。活动开始前的间隙，我们一直在交流。他翻看着放在面前的四本书，忽然拿起《宝瑞真言》对我说："传记写得好看不容易，《宝瑞真言》我已经看了，你写得不错。"这四本书在签售会之前早已送到作者手中，汪国真所言不是假话，他一定是读了。听他这样说，我心里非常高兴。其实，口述史的写作是一件费力不讨好的事，无论是哪位大家的口述史，如果成书，采写者的二度创作都十分关键。为了《宝瑞真言》的写作，我在工作之余的无数个夜晚经常加班加点，但图书出版时，出版社在中国版本图书馆的登记数据上却只有口述者一人，虽然在封面上写了我作为采写者的名字，但在合法的登记手续中，我已经不是作者了。当时碍于宝瑞老师的情面，我并未向出版社争论此事，但却因为"爬格子"的辛苦而心有不平，毕竟，劳动成果的认可是文字作者最为渴望的回报。此时，听汪国真如是对我说，我的心顿时暖暖的。他读了书，也对作者的辛苦有感知、有评价，虽然只是只言片语，却足以令人感到满足。我想，汪国真是经历过多年退稿的煎熬后才迎来成功的，所以他懂得写作的艰辛，更愿意鼓励年轻作者，这一点是作为名人的他极为难得的品质。在接下来的签售过程中，我心情愉悦。此时，一个可爱的青年读者忽然找到了我，他请我签名的书并不是《宝瑞真言》，而是我在不久前刚刚出版的影星周星驰的传记《周星驰外传》。坐在一旁的汪国真看到了，问："这是你的书？"我点头。他又说："回头送我一本。"我以为诗人是在开玩笑，只是笑了笑。

　　那次签售活动之后，我经常会在金蔷薇文化沙龙的活动中看到他。每次见面，我们寒暄之后并没有过多交流。这种不交流是有原因的。虽然我也行走在文学路上，但我并不写诗，面对一位神坛之上的诗人，我很担心会在谈诗中露出我的无知；而除了诗，我在当时却又找不出可以和诗人交流的其他话题。除此之外，还有一个客观原因。每一次，汪国真只要出现在活动的现场，就会有很多人围上来。他的朋友非常多，他会和大家一一寒暄，寒暄过后也不会清闲，老朋友们又会把慕名等候在一旁的新朋友介绍给他，所以他总是被众人拥在中心。于是，我恢复了做记者时养成的习惯，只是静静地坐在一旁，在他与别人的交流中去感知他。

不过，不久之后，我们有了一次偶遇。

那是 2007 年春季的一天，我应邀前往琉璃厂参加一位朋友的画展，没想到，我在那里见到了同样出席开展仪式的汪国真。仪式结束后，主办方安排了午餐，我吃过饭以后便准备离开，恰好那天汪国真没有开车，我们住的小区又不远，他便搭上我的车一道返回。在路上，我们有了独处的机会，也便有了畅谈。

我告诉他说："我在上中学的时候，同学之间有谈恋爱的，就会把您的诗写进情书里，成功率挺高的。"

汪国真显然对这样的现象很了解："这样的事情确实非常多。有的人呢，可能就因为我的这些诗结合了，可有的人就没那么幸运，反而因为这些诗分了手。"说完，他便自顾自地笑了起来。

我很好奇："因为诗分了手？"

汪国真边点头边解释说："比如《河南日报》的一个记者，曾经跟我讲过他自己的一段经历。他当时跟他的女朋友正在谈恋爱，就觉得我的诗特别能表达他的心声，所以他就抄了我的一首诗送给女朋友，只不过署上了他自己的名字，结果女朋友一看就火了，说：你拿汪国真的诗署上你的名字来骗我。"

我也笑了，问："她知道是您写的诗吗？"

汪国真说："对，她知道，那时候我的诗集还没出版，但已经有很多人在私下里抄我的诗，她很可能就是其中一个，所以对我的诗很熟悉。那个记者没想到这个女孩子读过这首诗，竟然知道诗的作者是我。结果适得其反，女孩子认为他不真诚，两个人就吹了。"

我把车开得很慢，就是想借着这样难得的机会和他多聊聊。

我问他："诗歌给您带来最大的收获是什么？是名气吗？"

汪国真想了想，说："最开始写诗时并没有想到会因此出这么大的名，只是想把我的思想、感情通过诗宣泄出来、表达出来。可能我所表达的内容跟很多读者产生了共鸣，所以会给我带来这么大的名气。就像我搞书法一样，开始练只是因为我的字不好，没想到后来大家喜欢我的书法。我不是特意为之，只是想改变某种状况，但这种状况改变之后，得到了大家的认可，这是出乎我意料的。"

我又问："这么多年过去了，现在回过头去看，您又如何看待您的诗产生的影响呢？"

汪国真先是露出了微笑，忽然又神情严肃，回答说："虽然从我成名到现在已经过了快 20 年，可是我觉得，不管是在当时还是现在看，我的诗歌之所以能够产生比较大的影响，还是因为诗的本身是具有生命力的。你看，这么多年过去了，我的诗集还是不断在出版、再版，而且还有盗版，一些诗也在 2000 年以后陆续被选入了中学语文课本。诗集能够被盗版，是因为在民间有读者。我的诗集连续被盗版 17 年，在大陆我没听说过有第二个诗人。至于我的诗被选入了课本，如果不是有积极意义的优秀作品，是不可能进入教材的。我现在还经常会参加一些公众节目，每次到了活动现场，主持人把我的名字一报出来，往往掌声一下子就起来了，而且非常热烈。所以我很高兴，我觉得我的诗并没有被遗忘。"

车还是很快到了他家楼下，我和诗人的谈话意犹未尽，可也只能就此别过。没想到，汪国真却问："你下午有事吗？如果没事，就到家里坐坐。"

那是第一次去他的家，装修很简单，也没有想象中那么多书。比书更明显的是书法作品，墙上挂着他的字，书房里除了笔墨纸砚之外，最有意思的就是改装之后的墙。为了适应书法创作的需要，他把一面墙装置成了他的桌案，由几大块木板组成，顶端固定在墙上，底端有支架，挥毫创作时，便不再是伏案写字，而是垂直于地面写字。汪国真指着墙上的木架，十分自豪地说："在这上面写字，可是需要功力的。"的确，在墙上写字的功力可不是一朝一夕能够练成，汪国真这样做，只能说明他已经把书法当成了他的事业。事实上，对于将书画作为主要发展方向的汪国真来说，这面墙就如同他当年的书桌一般重要，已经成为他使用最多的一块创作园地。

不过，我们的话题还是没有离开他的诗。我说："当年的那些读者，喜欢您的诗喜欢到了十分狂热的地步，可是也有一些人在批评您的诗？"

汪国真眼望着窗外，神情淡然地说："当时的确有另外一种声音，说我的诗俗、肤浅，没有深度，而且这个声音还不小，是有相当一部分人看不惯我的这些诗。"

我追问："您那时也就三十几岁，听到这种声音有什么样的想法？"

　　汪国真回答说："我是一个很顺其自然的人，而且心态一直很平和，我觉得，如果我按那些批评我的人的那种思路、那种写法、那种追求去创作的话，那我的结局肯定跟他们是一样的。我觉得他们为什么没有走出来？就是因为他们自认为是深刻的、崇高的、有深度的作品，读者却并不买账。如果读者不买账，事实上这些作品也就没有意义了。"

　　那一天，一杯清茶，时光飞逝。诗人的话语如同我们相识时他给我留下的第一印象，朴实得就像个普通人，但朴实中却让我看到了深邃。正是这种思想上的深邃，才使他的诗拥有两个与众不同，其一是通俗上口，其二是富含哲理。这些都是我在那一天所领悟的，可以说，相识几年时间，唯有那一天的谈话让我真正了解了他。

　　那次畅谈之后，我们交往更多了。比如 2007 年 4 月 25 日，我为新华出版社出版的一本新书担任策划，在北京大学百周年纪念讲堂举办了一场以青年成才为主题的交流会，汪国真作为主讲嘉宾，不仅与北大学子们分享了他的诗歌之路，还讲述了他的散文《熟悉的地方没有景色》的创作过程，以此劝告大学生要培养善于观察、懂得发现的能力。比如 2008 年 7 月，作家出版社为家父的一部长篇小说举办研讨会时，汪国真因为将赴外地参加既定的活动不能参会，便在临行前将特意写下的"风华妙笔"几个字让我转交家父。后来，他获知这部小说由郭宝昌导演改编为电视连续剧《翻手为云覆手雨》时，还特意给我发来短信，表示祝贺。再比如 2012 年 4 月 13 日，我第一次申请加入中国作家协会，他便是推荐人之一。我将自己出版过的近十本书送去他家时，他还特意问："有《周星驰外传》吧？"我才意识到，当年在中关村书城签售时，他索书的话并不是玩笑，不由得心生歉意，急忙把手中的书递过去。他把那些书拿在手中，一边翻看着，一边说："我这几天有时间，正好都看看。"很多人都说过汪国真细致认真，那次我当真感觉到了，他那么忙，还抽出时间看我的拙作，的确难得。他在中国作家协会报名表的介绍人意见一栏郑重写下了推荐语："欣平先生出版过许多著作和文章，其书其文都很有文采，产生了较大影响，我愿意推荐他入会。"虽然那一年我未能如愿入会，但国真先生的推荐语，已然成为激励我在文学路上努力向前的动力。

后来，我感觉到他越来越忙，在北京的时间也越来越少。有几次我和宝瑞先生趁他在京的间隙同去拜访，他总是兴奋地告诉我们一些他当时正在忙的事，比如他的书画签约了经纪公司，他可以安心投入创作；比如他在各地的工作室正在或即将建立；再比如他开始在电视台担任主持人……总之，言语之中，可以感受到他的欣喜。或许，这种欣喜寄托的应该是他对再创辉煌的渴望。

不过，汪国真并不会因为忙碌而忘记朋友。听说我近年来向编剧、导演的方向发展，他经常询问、鼓励，在看过我执导的一部公益题材微电影后，还特意在微信上发来评语："形式很新颖，主题很深刻。"

然而，我没想到的是，这样一位精力充沛、对生活充满激情的诗人、书画家、作曲家、主持人，竟然英年早逝，意外地离开了我们。

宝瑞先生是我和国真先生共同的好友，获悉噩耗之后，他第一时间打来电话，谈到的一件重要事情，就是建议我为国真先生写一部传记。宝瑞很了解国真先生和我之间的友谊，他认为汪国真的一生，值得有一部全面、准确而又美好的传记留下；而我又是可以写好这部传记的人选之一。他的建议里含着深情——我记得，春节刚过的时候，宝瑞先生就曾给我打来一个电话，告诉我汪国真病重住院的消息。我能感觉得到，他当时十分担心，很想去医院看一看，但他也很清楚家属并不想外界过多打扰，因为汪国真患病的消息当时还对外封锁着，而宝瑞也是从医院的朋友那里意外获知的。无奈，去医院探望的想法只能作罢。可是，已经获知消息的张宝瑞却无法平静，虽然无法去看望，却先后给几个关系密切的朋友都打了电话，告诉大家做两手准备——如果康复了，便组织大家去医院探望，欢欢喜喜地去，给诗人一些惊喜，祝他早日出院；如果不幸走了，那便要尽最大力量组织起沙龙的朋友们前去送行，让诗人一路走好。为此，张宝瑞通过医院的朋友密切关注着汪国真病情的变化，甚至延后了去河南参加笔会的计划。不久之后，他听说汪国真病情略有好转的消息时，悬着的心才放下来。俗话说，患难见真情。汪国真去世以后，张宝瑞一直在为汪国真的诗坛成就鼓与呼，不断在金蔷薇沙龙的朋友群内转发有关汪国真的消息，并在追悼会之际积极组织沙龙朋友前往送行。如今，他希望能有一部汪国真传记问世的建议，寄托的是他对老友的无限深情，而我，又何尝不是呢！

　　传记，记录的是传主的人生。我觉得，一部好的传记，不该妄加评论，当力求真实，以事讲人。我会用这样的要求指引我的创作，勾勒出一位真实而精彩的诗人的一生。感谢国真先生的母亲李桂英女士、国真先生的胞妹汪玉华女士的信任，这份信任已成为我为国真先生立传的动力之一。感谢所有受访者的真诚回忆，没有来自众人的支持，便难以再现国真先生丰富的人生。作为作者，我想用一本书的时间，为所有喜欢汪国真的读者讲上一个故事，故事是一位卓越诗人的一生历程，里面有一件件微小却不平凡的精彩故事，它们会带着我们一同走进他的世界，将精彩长留于我们的记忆深处……

第一章　习主席引用了他的诗

北京之夜。

飞机越飞越近，远远的，灯光勾勒出的城市越来越清晰。透过机舱内的玻璃窗，汪国真深情地望着这座无比熟悉的城市。它在夜色中被灯光装点得流光溢彩，显得神秘但却恬静。

飞机降落在了笔直的跑道上。刚刚走下飞机的汪国真打开了手机。令他没有想到的是，手机刚打开就不停地响了起来。这响声不是来电的铃声，而是短信提示音，无数个提示音叠加起来，交织在一起，纷乱而不停歇地奏鸣着。汪国真十分意外：只关机了一两个小时，怎么会有这么多短信？他迫不及待地打开手机上的短信列表，想要一探究竟。他很快发现，这些短信都来自他的友人们，且毫无例外地都是祝贺短信，祝贺的内容也都惊奇地一致：习主席引用了他的诗。

这一天，是2013年的10月7日，习近平主席在印度尼西亚巴厘岛出席亚太经合组织领导人非正式会议，并发表了题为《深化改革开放　共创美好亚太》的重要演讲。汪国真没有想到的是，在习主席这篇言之有物且饱含激情的演讲中，竟然引用了他创作的诗歌《山高路远》中的诗句："没有比人更高的山，没有比脚更长的路。"对于一个诗人而言，这是一份极高的荣誉。汪国真既惊又喜，因为这让他意识到，一首好的诗，重在通俗易懂，也重在饱含哲理，正因如此，他的读者才可能遍布不同的阶层、不同的文化层和不同的年龄层。

这一夜，注定是汪国真的不眠之夜。

回到北京的家中时已是深夜，汪国真却全然没有睡意，依旧沉浸在习主席引用自己诗句的惊喜之中。他迫不及待地打开客厅里的电视机，在节目回放中终于见到了习主席那亲切而熟悉的身影，亲耳听到了主席的演讲："彩虹往往出现在风雨之后。有句话说得好，没有比人更高的山，没有比脚更长的路。再高的山、再长的路，只要我们锲而不舍前进，就有达到目的的那一天。……"

习主席的话，深深触动着汪国真。"再高的山、再长的路，只要我们锲而不舍前进，就有达到目的的那一天。"这正是汪国真渴望在诗中寄予的情怀。此时此刻，因为习主席的讲演，许多往事仿佛历历在目。当年的汪国真，曾是一位红遍全国的诗人，然而，他的成功却是在经历过失败与坎坷后才有的收获。回想起处于低谷中的岁月，支撑他的动力便是精神深处对文学的向往。因为有了向往，也便有了精神支撑，才有未来的成功。在汪国真看来，这首《山高路远》正是他当年的心灵写照——

呼喊是爆发的沉默

沉默是无声的召唤

不论激越

还是宁静

我祈求

只要不是平淡

如果远方呼唤我

我就走向远方

如果大山召唤我

我就走向大山

双脚磨破

干脆再让夕阳涂抹小路

双手划烂

索性就让荆棘变成杜鹃

没有比脚更长的路

没有比人更高的山

在《山高路远》中，人们可以看到奋进的勇气，也可以看到积极求索的热情，这正是汪国真对待生活的态度。这种态度直接影响着他的诗歌创作与待人处事，而这一切的形成，则要感恩家庭的教育。在汪国真的概念里，"父慈子孝，母严子规"是最为科学的教育理念，而他的家庭正是以此为原则。而且，父亲汪振世在大学时期学习的就是教育学，毕业后的工作也是以教育为核心，因此，对子女的教育也显得十分"专业"。他既有严格的一面：汪国真上小学三年级的时候，曾因为贪玩而成绩退步，父亲知道后，狠狠教育了他一顿，让他长了记性，逐渐养成了刻苦学习的品性；他更多的是慈爱的一面：他把孩子的爱好与想法当作空气和土壤，将合适的激励与引导当作绿化，促进孩子健康成长，在土壤上蔚然成林。

可以说，父母对孩子的教育，既没有令汪国真感到压抑，也使他不敢放肆，形成了他宁静而开朗、细腻而不乏果断的性格，在日后曲折的文学道路上，汪国真才得以遇到挫折依然能够坚忍地坚持。

与《山高路远》相映衬，汪国真在另一首诗歌《不曾改》中，同样表现出了他坚忍的性格与心灵求索——

> 追求不曾改
> 那追求
> 像涨潮时的大海
> 退了　还会再来
>
> 向往不曾改
> 那向往
> 如同身上的血脉
> 与生命同在
>
> 青春不曾改
> 那青春

改变的只是容颜

可那一颗心呵

永远与春花一样

——汹涌澎湃地开

20世纪90年代初期，汪国真的诗创造了新中国成立以来诗歌最为辉煌的一个时期。图为读者抢购汪国真诗集的场面

2013年，虽然不是诗歌的辉煌年代，但汪国真在大学校园中依旧被青年读者包围

2007年，汪国真（右）、作家张宝瑞与青年学生交流

2011 年 6 月 18 日，汪国真、张宝瑞在家中畅谈

2007 年 4 月 25 日，汪国真（右）与窦欣平在北京大学百周年纪念讲堂合影

第二章　光阴里的故事

1956 年 6 月 22 日，汪国真出生在北京西城区延年胡同附近的一家妇产医院。当他还在母亲的腹中孕育时，喜悦不已的父母已经开始迫不及待地琢磨着为即将出生的孩子起名字了。虽然他们并不确定即将出生的婴儿是个男孩子，可是却提前起出了一个男孩子的名字：汪国真。

其实，当时一共起了三个名字：汪国真、汪国善和汪国美。至于为什么是三个名字，完全源自汪父的一个理想"计划"。他不仅企盼妻子生出的第一个孩子是个男孩，而且还希望以后家中能有三个男孩子，于是，起名时便大胆地放眼未来，按照家族宗谱顺序首先选定名字的中间字为"国"字，而后，怀着对孩子品性的寄托，确定了名字的最后一个字分别是真、善、美。当然，计划只是最初理想化的懵懂期待，第二年的 12 月，汪国真的妹妹汪玉华出生了，是一位千金，原来的名字也就用不上了。不过，女儿的出生为家里带来了别样的快乐，此时，父母俩感受到了养育一儿一女的莫大幸福。

汪国真慢慢长大着，北京城的胡同里、机关大院里、学校里，都曾留下他成长的印记。

成长中最温馨的注脚，就是父母既无私又严格的爱。

汪国真的父亲汪振世，为人谦和，1929 年出生于福建厦门后溪乡。1949 年，汪振世与同乡不同村的少女李桂英结识，李桂英小他五岁，两人相识后便开始不断往来。1953 年 9 月，汪振世由厦门大学教育学系毕业后，由国家统一分配进入国家劳动部，来到北京从事技工教育工作。两年之后，汪振世与李桂英在北京喜结连理，建立了一个幸福美满的家庭。结婚后不久，一儿一女的相继出生，无疑为夫妻俩增添了喜悦，但相伴而来的则是抚育子女的辛苦。

父亲汪振世工作繁忙，母亲李桂英便在家里全职带孩子。李桂英出身大户人家，1945 年抗日战争胜利后开始上小学读书，1955 年毕业于厦门集美初中。在厦门生活时，李桂英衣食无忧，生活起居都有专人照顾。但在来到北京组建了自己的家庭以后，她需要承担起打理家庭生活和带孩子的重担，每天忙里忙外，分外辛苦。这样的生活与原来有人照顾起居的生活截然不同，但李桂英却从不曾有过半点怨言，不仅将家中打理得井井有条，而且让一双子女可以在单纯的生活环境中健康快乐地成长。在年幼的汪国真眼里，虽然无法明了母亲李桂英的坚强与担当，但这种可贵的品质却已经耳濡目染地在他心底埋下了种子，日后踏上艰苦的文学创作之路时，无论是取得成功，抑或是遭遇失败、非议，他都能不受干扰，坚守自己的文学追求。

从嗷嗷待哺的婴儿到蹒跚学步的孩童，汪国真在父母的爱中成长。

三岁的时候，正处在渴望感知外部世界年龄中的汪国真有了一个新发现，就是邻居家添置的收音机。在物资缺乏的年代里，收音机无疑属于生活中的奢侈品，在整个劳动部机关干部的家属楼中，只有一两户人家买了收音机。可以说，收音机里是一个新奇的世界，有歌曲、有相声，还有故事，听着收音机里传来的美妙声音，幼年的汪国真总是睁着漂亮的大眼睛，充满好奇与渴知。看到儿子经常跑去邻居家听收音机，母亲李桂英很担心会给邻居家添麻烦，所以总是要在邻居家收听收音机时把恋恋不舍的汪国真带回家。

不过，母亲是最懂孩子的心的，李桂英怎么会不知道儿子那份带着好奇心的迷恋？于是，为了给孩子的童年增添一点乐趣，李桂英就和丈夫商量，准备给家里添置一台收音机。然而，买一台收音机可是一个家庭的大开销。当时汪家全家人的生活花费都来自汪振世每月五十多元的工资，一个月下来，已经捉襟见肘。维持家庭生活尚且很紧张，哪有富余的钱来置办一台123元的红星牌收音机呢？李桂英咬咬牙，将父母给她的一个金镯子和一只金戒指都卖了出去，才凑够了买收音机的钱。当收音机买回家时，天真无邪的汪国真兴奋得跳了起来。接下来的时光，收音机成为汪国真感受精彩世界的窗，给他的童年带来了无限的快乐。

一直到长大以后，汪国真都无法忘记收音机带给他的快乐，而且，他也清晰地感受到了用来换收音机的金手镯与金戒指的分量，远远不止一两多的实际分量，因为那是母亲的积蓄，是准备应对家庭不时之需的"箱底钱"，母亲却为了给孩子带来童年的快乐，狠心拿了出来。这样的分量，汪国真终生难忘。

的确，母亲的无私和对子女的慈爱，早已触到了汪国真的心底。在他成为诗人后，并没有忘记为母亲写首真挚的诗，名为《母亲的爱》——

我们也爱母亲

却和母亲爱我们不一样

我们的爱是溪流

母亲的爱是海洋

芨芨草上的露珠

又圆又亮

那是太阳给予的光芒

四月的日子

半是烂漫　半是辉煌

那是春风走过的地方

我们的欢乐

是母亲脸上的微笑

我们的痛苦

是母亲眼里深深的忧伤

我们可以走得很远很远

却总也走不出母亲心灵的广场

　　从 1959 年到 1982 年，这台汪国真三岁时家里添置的收音机一直使用了 23 年，直到有了电视机，才得以光荣"赋闲"。可以说，"收音机事件"只是母爱的一个缩影，更多的爱，是在无声的点滴里。不过，爱，绝不仅仅是满足，有的时候也会有皮肉之苦。

六岁的时候，汪国真曾经有过一次挨打的经历。

爱玩是孩子的天性，六七岁的孩子正值爱玩的年龄。那时候的游戏很单调，基本都是"就地取材"，比如在地面上画上格子做跳格子的游戏，除此之外，即使是有玩具的，也都是打沙包之类可以自制的玩具。忽然有一天，家属楼中的一个玩伴拿来了一个新奇的玩具——水枪。于是，同楼的孩子们玩起了水枪。孩子们弄了一身水，却兴奋异常，当时最为神气的，就是拿水枪的人。汪国真羡慕极了，当然渴望也能拥有一把，可是，水枪是当时孩子们很难拥有的"高档"玩具，汪国真猜想，一向勤俭的父母一定不会给他买，也便断了向父母要的念头。不过，一个有趣的玩具对孩子的诱惑力是无法想象的，那段时间，汪国真的脑子里全都是自己拥有一把水枪后无比神气的样子，于是，他动起了"歪脑筋"——父母一直把家中用的钱放在房间桌子的抽屉里，如果自己从里面拿出钱来，父母即使知道，也不会想到他的头上，因为母亲会以为是父亲拿着钱买烟了，父亲则会以为是母亲拿钱置办家用了。一番琢磨之后，汪国真壮着胆子从抽屉里偷拿了十元钱，买到了他梦寐以求的水枪。

果然，父母并没有发现。于是，汪国真的胆子逐渐大了起来，他不仅拿着水枪在楼里的伙伴面前"显摆"，而且，还在父母外出时在家中玩。有一天，父母都没在家，汪国真没有抵挡住诱惑，拿出了藏在隐蔽处的水枪，兴高采烈地玩了起来。或许是因为太过尽兴，母亲走进家门他都不知道。母亲自然要问他水枪是从哪里来的，汪国真早已看到母亲一脸的严肃，内心惊慌，哪还敢撒谎，只能如实招供。听到实情的母亲气愤不已，当然要管教孩子，拿着扫把在汪国真的屁股上狠狠地打了一顿。

这次皮肉之苦让年少的汪国真明白了对与错、是与非的重要。严格的教育为他的人生之路指明了正确的方向。长大以后，汪国真一直严于律己，为人认真负责，做事积极努力。他觉得，这一切都得益于父母成功的教育。在汪国真看来，父亲和母亲在对子女的教育上一定是有分工的。父亲因为工作关系经常外出，教育的责任大多落在母亲身上。因此，母亲扮演了"严母"的角色。因为在她看来，小孩子的可塑性很强，教育孩子应该从幼小时抓紧、抓好，一旦养成了坏习惯，长大后就很难纠正了。所以，为了教育好子女，母亲费尽了心思。

日后，汪国真曾经撰写了一篇名为《家教》的短文，分享了他对父母教育理念的心得——

习惯的力量是强大的，家教就是培养习惯。仅此而言，家教也是太重要了。

从《傅雷家书》中，我们看到了一位父亲对孩子的大爱。大爱教会孩子做人成才，而小爱或者叫溺爱常会使孩子误入歧途。

孩子有时是需要重责的，轻描淡写的批评很容易流于形式。当然，重责并不是打骂，而是严厉，而是严肃，而是语重心长。

父母教孩子似应有分工，一个担当严厉些的角色，一个担当仁慈些的角色。严厉使孩子有所忌，不致打小就任性胡为；仁慈使孩子心智茁壮成长，不致使性格压抑、扭曲。双方互为补充，相得益彰。

　　"骏马能历险，犁田不如牛；坚车能载重，渡河不如舟。舍长以就短，智者难为谋。生才贵适用，慎勿当苛求。"清代顾嗣协的这首《杂兴》诗，是说用才当扬长避短，而培养孩子成才又何尝不该因势利导呢？

　　至少在表面上，教育子女时父母的意见应是一致的。否则，不要指望孩子会更听其中一个的话。弄不好，两人的话孩子都不听。一旦如此，教育也就难以进行了。

　　在人们的印象中，孩子似乎更乐意听教师的话而不是父母的话。实际上给予孩子影响更深的还是家长而不是教师。赫伯特说："一个父亲胜过一百个老师。"此话虽有些夸张，大致意思却是不错的。

　　当孩子们在一起的时候，从他们的言谈举止中不难判断出其中的优劣。从表面上看这是孩子与孩子的比较，实际在很大程度上是父母与父母的比较，或者说是家教与家教的比较。

　　记忆就是时间的碎片，有时会闪闪发光，出现在那里。

　　那些童年、少年时期的点滴往事，充满趣味，带着青春的无邪，总是让汪国真无法忘却。

　　汪国真从小就爱读书，这一点应该是受了父亲汪振世的影响。历史小说、古代诗词、知识读本等各类书籍，都是他所喜爱的，不仅读过《水浒》《三国演义》《说唐》《三侠五义》等古典小说，还读过《烈火金刚》《平原游击队》等当代小说，也读过《红与黑》《傲慢与偏见》

《悲惨世界》等西方小说。每次读到一本好看的书，汪国真总是内心带着兴奋，不止是自得其乐，更是充分发挥讲演的才能，与家属楼里的小伙伴们一道分享。夏天的傍晚，或是在房前，或是在大院的空地上，经常会出现三五个小伙伴围在汪国真周围，听他讲书中故事的场景。小伙伴们听得十分入迷，汪国真却总是在关键时刻抖个包袱，留待第二天。多少年以后，汪国真的母亲李桂英还清晰地记得汪国真给小朋友们讲故事的情景，特别是他讲《岳飞传》时的样子，仿佛历历在目。

汪国真对读书的热爱，甚至体现在童年的游戏中。他和机关大院里的孩子们经常比赛背诵古诗词，无论是谁输谁赢，都留下快乐的欢笑声。后来，汪国真在一篇名为《书韵》的短文中，谈到了他关于读书的感受与理解——

朋友不是书，书却是朋友。

朋友可能背叛你，书却永远忠实。

怎么办呢？像选择书一样去选择朋友，像热爱朋友一样去热爱书。

文字组成一本书，大自然组成另一本书。

在宁静悠闲的时间，我就去读文字的书，在忧郁沉闷的时候，我就去读大自然的书。当我从文字的书中走出来的时候，我好像成了哲人，当我从大自然的书中走出来的时候，我仿佛成了孩子。

　　会读书的人和不会读书的人的一个主要区别就是：前者总是"雁过拔毛"，后者却是"一毛不拔"。

　　对于非常繁忙的人来说，读书是一种休息；对于十分闲暇的人来说，读书是一种工作。

　　书，是生活中最好的调味酒。

　　读书有益，也可能有害。

　　而不读书则是绝对有害。

　　菲尔丁说："不好的书也像不好的朋友一样，可能会把你戕害。"

　　这话没错，但也不必为此走向另一个极端，夸大书籍对于人的品格的影响。更多的情况是：好人读了坏书仍是好人，坏人读了好书仍是坏人。

　　最优秀的读者，不一定是最优秀的作家；最优秀的作家，却必定是最优秀的读者。

　　当我读到一本糟糕透顶的书籍的时候，简直愤怒得想打作者的耳光，但更想打的是自己的耳光；我之所以始终不渝地坚持没有这样做，实在是因为这种想法一旦付诸实践，我的脸庞会经常地又红又肿，以致没脸见人。

爱好读书不仅使学生时代的汪国真成绩优秀，而且，也使他在一次

"危机事件"中得以化险为夷。

1963 年 9 月,七岁的汪国真到了上学的年龄,开始在距离劳动部不远的和平里第一小学读书。不过,他只在和平里一小读了半学期。1964 年 1 月,父亲汪振世由劳动部调动到教育部工作后,汪国真也在小学一年级的下半学期转学到了毗邻教育部大院的二龙路学校(分校)。在原来的小学读书时,学校距离家只有四五百米的路程,这样的距离难免让汪国真觉得天地太小;转学后,从家里到学校有几站路,而且,学校附近就是车水马龙的西单商业街,让汪国真一下子开了眼界,那种热闹,那种新鲜感,深深吸引了他。当然,新鲜的还有学校内部的环境。转学没几天,汪国真便发现,有人正在打着他这个"外来和尚"的主意呢。

原来,汪国真所在的一年级二班有两个"孩子王",一个被称为"大王",另一个被称为"二王",靠着拳头在班里"称霸一方"。汪国真到了班里,他们当然不会轻易放过,"二王"就琢磨着要给他一个下马威,然后顺理成章地收归"麾下"。于是有一天,"二王"便在课间找到了汪国真,找茬挑衅还不容易,两人言语不合,就动起手来。

不过,"二王"很快就感觉到失策了。在他看来,白白净净的汪国真长得俊俏秀气,文静得像个女孩子,只要他一出拳头就一定会吓得趴在地上。可是事与愿违,这个白净的小男孩竟然不是一个"软茄子"。

再说汪国真,别看外表文静,殊不知从小爱读书的他,早在文字的海洋里受到"武侠"精神的影响,最痛恨横行霸道的坏蛋,所以看到"二王"来挑衅,心中的"豪气"翻滚,哪肯轻易屈服?虽然眼前的

"二王"又高又壮，但汪国真横下一条心，一番"欲与天公试比高"的架势。俗话说，哀兵必胜。硝烟一起，汪国真索性不管不顾犯起浑来，愣头青一般，一味"撒野"，一番"鏖战"之后，反而让"二王"措手不及，节节败退下来。同学们看到有人打架，急忙报告了老师。老师急忙赶过来，这才拆开了他们。

"二王"就这样败下阵来，当然心里不服气，死死盯着汪国真，一副秋后算账的样子。果然，第二天放学，"二王"便纠集了一帮手下，赶来围堵汪国真。昨天一战小有胜利之后，汪国真当然没有掉以轻心，早就算到了"二王"会带人来"以多欺少"，所以也做了准备。一群从其他学校转学过来的劳动部子弟都是汪国真的好朋友，他早就把昨天的事告诉了他们，所以一放学，这帮孩子就从各自的教室飞奔过来，其中还有一个五年级的大个子学生。"二王"带着一群帮手找过来，却发现这头儿早有准备，而且，阵势已经超过了他们，只好灰溜溜地逃走了。从那之后，"二王"再没敢找汪国真的麻烦。

这次的"打架事件"展现了汪国真的"运筹帷幄"。不过，他也知道，父母一定是不允许他打架的，所以他一直没敢把这件事向父母"汇报"。多少年以后，父母才从邻居那里听说了这件事。

1968年9月，汪国真小学毕业后，进入北京师范大学附属实验中学就读初中。在"文革"之前，"实验中学"叫作北京师范大学附属女子中学，"文革"中曾一度改名为北京一五〇中学，后定名为"实验中学"并延续下来。这是一所赫赫有名的中学，除了具备雄厚的师资和良好的教学条件之外，还有其闻名的历史渊源。"文革"之前，"实验中学"是所女校，招生的对象以"三高"家庭的女孩子为主。所谓"三高"，就是指共和国的高级干部、高级知识分子和高级民主人士。这些"三高"家庭的孩子，都是精英子女，具备优良的素质，在学校生活中勤奋刻苦、严于律己，形成了学校良好的学习氛围。到了"文革"时期，"实验中学"不再是女子中学，而是变成男女合校，但尊师重教的优良传统未曾改变。在这样一所中学读书，汪国真的学习成绩一直名列前茅，不仅使他得到老师和同学们的认可，更重要的是，初中时期的学习生活为他打下了坚实的学识基础，成为他日后不断追求进步的知识源泉。可以说，如果没有当时扎实的学习积累，汪国真也无法在"文革"后以一个初中生的基础考取大学。

在一首名为《感谢》的诗歌中，汪国真表达了他对初中老师的感谢之情——

　　　　让我怎么感谢你
　　　　当我走向你的时候
　　　　我原想收获一缕清风
　　　　你却给了我整个春天

　　　　让我怎么感谢你
　　　　当我走向你的时候
　　　　我原想捧起一簇浪花
　　　　你却给了我整个海洋

让我怎么感谢你

当我走向你的时候

我原想撷取一枚红叶

你却给了我整个枫林

让我怎么感谢你

当我走向你的时候

我原想亲吻一朵雪花

你却给了我银色的世界

　　初中的学习生活临近结束时，汪国真曾经有过一次错失读高中的经历。

　　处于"文革"的特定历史时期，很多青年的未来都随着历史机遇而摇摆。初中毕业的 1971 年，恰逢北京市恢复高中招生的第一年。这个消息对于初中即将毕业的汪国真来说，无疑是一次难得的人生际遇。然而，他最终却与这次机会擦肩而过了。当时的高中招生，并不是每个人都有机会，而是在初中毕业班里"根红苗正"的学生中选取成绩优秀者。汪国真一直都是班级里成绩优秀的学生，可是，因为家里有海外关系的原因，他成了"根不红、苗不正"的学生，错失读高中的机会也就再正常不过了。

　　1971 年 12 月，汪国真初中毕业。刚刚 15 岁的青涩年龄，他已步入社会，进入北京第三光学仪器厂（北京仪器仪表修理厂）当了一名学徒工，开 X51 立式铣床，开始了七年半"三班倒、开铣床"的生活。俗话说，"少年不知愁滋味"，刚刚走上工人岗位的汪国真还带着初入社会的新鲜感，尚未意识到失去读高中的机会对自己人生的影响，但随着时间推移，日复一日的铣工生活，越来越让他意识到，自己已经与校园、与学习越来越远。汪国真后来说："15 岁正是嗜睡的年纪，但是每天晚上都不能睡觉，过着黑白颠倒的生活。当时根本看不到未来，唯一能想到的就是将来争取当一个八级工，这已经是技术工种里面最高的一个级别。"

工厂的生活虽然辛苦、单调，但人与人之间的感情却十分质朴。汪国真记得，自己当时年纪小，刚刚开始工作就有些吃不消，有时候赶上夜晚，真是困得不行，就在铣床上睡着了。按照劳动纪律，上班睡觉是要被罚款的。但他的师父看到以后，非但没有上报，还把他抱到角落里，脱下自己的大衣给他盖在身上，然后不声不响地帮他干完了活。还有一次，汪国真因为阑尾炎住进了医院，他这个年纪在同事中理所当然是个小字辈，他以为同事们并不会过多关心他，但令汪国真感到意外的是，上着"三班倒"的师傅们都没有忘记他，他们利用白天的休息时间轮流来看望他，还给他买了水果和糕点。虽然都是小事，却已在汪国真的心中留下了深刻的烙印，多少年后仍然对工厂时期的往事念念不忘。后来，汪国真写了一首名为《美好的情感》的诗歌，来表达自己的感念之情——

总是从最普通的人们那里
我们得到了最美好的情感
风把飘落的日子吹远
只留下记忆在梦中轻眠

善良，不是夜色里的松明
却总能把前途照亮　把热血点燃
真诚，不是春光里的花朵
却总能指示希望　把憧憬编织成花篮

往事总是很淡很淡
如缕如烟
却又令人　难以忘怀
感激总是很深很深
如海如山
却又让人　哑口无言

　　父母从小教育汪国真，出生在普通家庭，要靠自己的努力发展、进步。在教育部大院里，家长都十分重视孩子的教育。汪国真进入工厂的时候，很多邻居家的孩子也加入了上山下乡的行列。一个和汪国真经常一起玩耍的大院里的孩子头，也在这个时期去了外地。他的家庭条件很好，父母是机关里的高干，有一次，他给家里写了一封信，只有几个字："速寄 50 元。"尽管在那个年代里，50 元是个很大的数目，可是对于一个高干家庭来说，应该是不成问题的。然而有趣的是，他的妈妈并没有给他汇款，而是同样回了一封信，上面也只写了几个字："好大的口气。"一个高干家庭，因为儿子没有写明要钱的原因，并没有因为疼爱而汇款。虽然只是一件小事，却可以感受到汪国真所处的严格的教育环境。

或许正是这种教育严格以及上进思想的指引，汪国真从小养成了乐观进取的性格，因此，尽管开铣床的工作十分辛苦，但汪国真如同学生时代一般，依旧刻苦努力，很快成了工作岗位上的佼佼者，甚至在全市性的技术比赛中取得了第二名。那是 1976 年的夏天，北京市仪表工业局举办了一次全市范围的机加工比赛，每个厂派出两名代表分别参加车床和铣床技术比赛，两个代表在两个项目中的得分总和，就是该厂的综合分数。经过厂内选拔赛的遴选，汪国真脱颖而出，成为北京市第三光学仪器厂两个代表之一，担任铣床操作。汪国真胆大心细，与另一位同事取得了十分优异的成绩，最终为厂里夺得了大赛的第二名。除了本职工作，汪国真还担任了工厂里的团支部副书记，承担起团员青年的思想教育工作。他的《青年》一文中，曾留下他在那段工厂时光里的青春记忆——

青春是生命中最美丽的年华。

青年，不一定非要成功，只要有追求；不一定非要成熟，只要肯学习；不一定非要沉稳，只要善总结。

青年有许多弱点，而青年的可爱，不仅在于他的优点，也在于他的弱点。

童年，更多的属于摇篮；老年，更多的属于庭院；青年，更多的属于自然。

青年，一个令童年向往、老年羡慕的年龄。

青春年华，爱情与事业应该是可以兼得的。就像蔚蓝的天空，伸出左手挽住黄昏，伸出右手拉住黎明。

执着的追求和不断分析，这是走向成功的双翼。不执着，便容易半途而废；不分析，便容易一条道走到黑。

青春时节，会经常有一种无奈和矛盾的感觉萦绕心头，诚所谓：无缘何生斯世，有缘则累此生。美国小说《红菱艳》中芭蕾舞女演员维多利亚·佩奇的经历，颇具典型意义，是这种无奈和矛盾的多重注脚。

为别人着想，为自己而活。

为别人着想，才不失活得高尚；为自己而活，才不失活得洒脱。

好儿女不但要适应顺境，也要经得起挫折。孩子的肩膀稚嫩，老人的步履蹒跚，未来的担子我们不挑谁挑？

遇到困难，便逃避现实或消极处世，是没有出息的表现。

青年特别需要坚定，不论外界怎么变化，自己都应保持一种乐观和向上的精神。

我叹世事多变幻，世事望我却依然。

一篇《青年》，让人看到了汪国真对于青春的期待，也看到了汪国真积极乐观的心态。的确，尽管心有不甘，但在"文化大革命"的特殊历史背景之下，汪国真在或许并不适合他的工人岗位上，依旧积极进取。他有时也在想，命运当真就如此了吗？终于，命运在不经意间出现了转机。

1977 年 9 月，国家教育部在北京召开全国高等学校招生工作会议，决定恢复已经停止了十年的全国高等院校招生考试，以统一考试、择优录取的方式选拔人才上大学，中国由此重新迎来了尊重知识、尊重人才的春天。这次具有转折意义的会议决定，恢复高考的招生对象是：工人农民、上山下乡和回乡知识青年、复员军人、干部和应届高中毕业生。这就意味着，包括应届毕业生在内的、因"文革"冲击而未能参加高考的青年都有了上大学的机会，这其中，自然包括在北京第三光学仪器厂当铣工的汪国真。

汪国真很兴奋，他知道，这是一次改变命运的宝贵机会，也是一个青年重新选择人生道路的机会，虽然会是万人争过独木桥的局面，但他告诉自己，无论多么困难，都要抓住它。但是，汪国真遭遇的困难远非人们想象的那么简单。他是一个"三班倒"的工人，他首先要保证的就是完成好工厂的工作，只能在工作之余，利用业余的休息时间进行复习。可是，复习总要有个方向，对于一个一天都没有上过高中课程的初中毕业生而言，高考就像是隐藏在远山里的一块圣地，那么美好，却也那么模糊。不过，汪国真并没有因此气馁，他没有条件像其他准备参加高考的青年一样，利用考试前的时间进入高中旁听备考课程，于是，便通过朋友借来一些复习资料，依靠自己在初中阶段打下的坚实基础，凭借自己的思考力和理解力，一步步地向着理想靠近。1977 年的冬天，570 多万考生走进了曾被关闭了十余年的高考考场，其中就有汪国真那有些瘦弱却带着刚毅的身影。

可以说，高考制度的恢复，给无数青年带来了改变命运的希望，但根据当时国家的办学条件，录取人数尚无法达到 30 万人。在首届高考的舞台上，在数百万人的竞争中，汪国真终于如愿以偿成为佼佼者，取得了优异的成绩。不过，这份成绩并没有为他带来最终的喜悦。尽管汪国真已经被报考的学校录取，但他所在的工厂却不同意。或许是因为汪国真的工龄已经超过五年，按照当时的政策可以享受带薪上学的福利，或许是工厂要留住这个优秀工人，总之，工厂在汪国真上大学的问题上给出了反对意见。没有工厂的同意，那就意味着汪国真将与这次难得的际遇失之交臂。徘徊在人生的十字路口，除了失望，汪国真更多感受到的是无奈。

然而，人生路上的坎坷，并不会让汪国真那么容易就败下阵来。他内心总是带着坚忍，选择《勇往直前》——

流云在天边，行囊在眼前，有一条通往太阳的路无边又无沿。

路上绿草茵茵，有青春为伴；远处黄沙滚滚，同成熟相连；我们走着，用生命筑起心中的圣坛！

即使受了伤，也不让泪水遮住脸，把泪水揩干净，我们要重绽三月的笑颜！

即使迷了路，也不把忧伤刻在额前，星星终会升起来的，我们也总会知道哪边是北，哪边是南。

我们走着，一天又一天。听风传递着雨的消息，听雨敲打湖的鼓面。那岁月的缆绳，终会成为我们抛向空中的闪电。

我们走着，一年又一年，看冰雪沉没在冬天、响亮在春天，看春天的冰雪消融在大地的字里行间。那季节的色彩，终会被我们泼洒成斑斓画卷。

我们把每一个日子过得寻常而又不凡，让飞扬的思维轻轻缳住微风中的紫罗兰。我们的眼睛很黑很亮，瞳孔里变幻闪烁的是晨曦和晚霞的迷人光焰。我们走过的足迹，将会风化成一个传说，一个风采，一句格言。

生活并不简单，我们勇往直前！

工厂中依旧可以在岗位上看到汪国真那真诚投入工作的身影，而在业余时间，没有在 1977 年高考中如愿走入大学校门的汪国真却依旧捧着书本在刻苦复习。同事们不禁好奇，既然错失了上大学的机会，为什么还要复习呢？事实上，汪国真正在为与 1977 年高考相隔半年的 1978 年高考而紧张复习着。那么，即使他能再次取得优异成绩而被大学录取，但工厂的反对意见如何解决呢？

　　所有人都没有想到，汪国真已经找到了解决办法。汪国真记得，初中毕业时，虽然他的学习成绩十分优秀，可是最终却未能继续就读高中，原因就是他家里的海外关系。如今，这个曾经的"坏身份"却成了汪国真的"救命稻草"。他知道，如果自己能够考取招收华侨青年的大学，那么依照当时的国家政策，工厂便无法阻止他读大学的梦想了。于是，汪国真在全国的大学中仔细寻找，发现全国只有两所面向华侨青年的高等学府，分别是广东广州的暨南大学和福建泉州的华侨大学。他最终选择了报考暨南大学。

　　汪家参加这一届高考的，还有汪国真的妹妹汪玉华。

　　汪玉华当时正在北京的延庆县永宁公社插队，和其他插队的青年一样，为赶上改变命运之车，积极投入到高考复习之中。她还找到大队里的书记，又是讲道理又是求情，终于请了三个月的假，回到市里复习。复习的时间里，汪玉华到菜市口中学做了一名插班生，跟随应届生一道备战高考。此时，汪玉华越发感觉到哥哥汪国真参加高考的艰辛，他不可能向工厂请假，而"三班倒"的工作令人的身体很疲惫，可是他依旧坚持复习，那样的毅力，绝非言语可以表达。

　　高考的日子终于来临。妹妹汪玉华报考了北京建工学院工程机电系建筑机械专业，而汪国真则报考了暨南大学中文系。在那个格外重视科学技术的年代，"学好数理化，走遍天下都不怕"的思想占据了主流，之所以报考了文科，只是因为他没有读过高中，如果报考理工科，物理、化学的劣势会十分明显，唯有文科才有竞争的可能。于是，1978年，汪国真和妹妹一道走进了考场，投入了610万人报考、录取40.2万人的竞争之中。

高考之后，一切都恢复了正常。忽然有一天，汪玉华收到了一封信。她一看，那是哥哥汪国真写给她的信。妹妹很好奇，哥哥很少给自己写信，怎么突然寄来一封信呢？汪玉华急忙打开信封，取出信笺。那是一张白纸，文字不多，其中的一些语句让汪玉华忍不住笑了起来。原来，那是一封告知高考成绩的信。汪国真诙谐地问妹妹："你知道我的数学得了多少分吗？我是100分少了一个零！"那不就是10分吗？汪玉华笑了。那可是极低的成绩啊。这样的成绩岂不是要与大学殿堂失之交臂？事实上，数学考试一直是没有读过高中的汪国真的"软肋"，所幸的是，其他几门考试汪国真都取得了十分优异的成绩，特别是语文得了80多分，是一个出类拔萃的成绩。那一届的高考，汪国真再一次收到了大学的录取通知书，在高考录取率仅为4%的惨烈竞争中脱颖而出，以初中学历如愿获得了进入暨南大学中文系的"门票"。正如汪国真最初所预期的，因为是一所华侨大学，按照国家的政策，工厂同意了他上大学的选择。

彩虹总在风雨后，在汪国真看来，要迎接成功，首先要学会面对困难，要《学会等待》——

不要因为一次的失败就打不起精神
每个成功的人背后都有苦衷

你看即便像太阳那样辉煌
有时也被浮云遮住了光阴
你的才华不会永远被埋没
除非你自己想把前途葬送

你要学会等待和安排自己
成功其实不需要太多酒精
要当英雄不妨先当狗熊
怕只怕对什么都无动于衷

河上没有桥还可以等待结冰
走过漫长的黑夜便是黎明

汪国真知道，自己的人生之路已经出现了转机。

童年时期的汪国真

从左至右：母亲李桂英、妹妹汪玉华、父亲汪振世、汪国真

从小养成的爱读书的习惯对汪国真的成长与发展产生了极有益的影响

1977年高考制度的恢复，使在北京仪器仪表修理厂当铣工的汪国真看到了新的希望

汪国真和北京仪器仪表修理厂的工友们在一起

汪国真在登山时留影

第三章　敲开文学之门

　　1978 年 10 月，汪国真踏上了南行的列车。车窗外，充盈着绿色。汪国真知道，那是希望的颜色，而这次南行之旅，开启的也正是他人生中的希望之旅，他已经由一个普普通通的工人一跃成为令人羡慕的大学生。

　　暨南大学的校门前，长途颠簸赶到学校的汪国真难以掩饰喜悦的神情。他站在那里，静静地看着校门，内心早已泛起波澜。汪国真很清楚这座知名侨校的历史。学校名称中的"暨南"二字出自《尚书·禹贡》篇："东渐于海，西被于流沙，朔南暨，声教讫于四海。"意即面向南洋，将中华文化远播到五洲四海。它是中国第一所由国家创办的华侨学府，前身是 1906 年清政府创立于南京的暨南学堂。后迁至上海，1927年更名为国立暨南大学。抗日战争期间，迁址福建建阳。1946 年迁回上海。1949 年 8 月合并于复旦、交通等大学。1958 年在广州重建。"文革"期间长期停办，1978 年 10 月迎来了复办后的第一批大学生，其中，就有汪国真。

　　或许因为是侨校的缘故，暨南大学环境优美，学习、生活条件都很好。校园内波光潋滟的明湖，造型别致的蒙古包食堂以及淡黄色的学生宿舍，无不营造了清爽而美丽的氛围。中文系大一的男生被安排住在真如苑 74 栋，汪国真所在的宿舍，虽然是八个人的房间，但只安排了六个人住宿，留下两个床铺用来放置学生们的杂物。因为比较宽敞，也因为学校对内务卫生要求严格，所以，暨南大学的宿舍少一点人们概念中大多学生宿舍中的脏乱，多了些整洁。

汪国真对校园充满了爱，这种爱不止是因为大学生活的美好，更多的是来自珍惜之心。15 岁初中毕业后错失走入高中的机会，在工厂做了七年半铣工的他，如今身处校园，仿佛如梦境一般。正因为有过失去，或许才更懂得珍惜，因此，眼前的校园令汪国真的内心充满了奋进的激情。在桉树遮蔽的校园小路上，汪国真享受着洒下来的斑斑点点的阳光，成为大学时代无比惬意的点滴记忆。汪国真曾回忆说："每天傍晚吃完晚饭之后，我沿着学校的林荫大道一直走到湖边，当时就有晕晕乎乎的感觉，就觉得，心情特别好，特惬意、特舒服的感觉，我终于不用上夜班了！"暨南大学的校园，那条林间小路，曾激起汪国真创作的热情，他在日后为它留下了美丽的诗作《校园的小路》——

　　　有幽雅的校园
　　　就会有美丽的小路
　　　有美丽的小路
　　　就会有求索的脚步

　　　忘却的事情很多很多

却忘不掉这条小路

记住的事情很多很多

小路却在记忆最深处

小路是条河

流向天涯

流向海角

小路是只船

驶向斑斓

驶向辉煌

还有一首关于暨南大学明湖的诗，名为《小湖秋色》——

秋色里的小湖

小湖里的秋色

岸在水里憩

水在岸上漾波

风来也婆娑

风去也婆娑

湖边稀垂柳

湖中鱼儿多

　　小湖什么都说了

　　小湖什么都没说

　　当时的广州，恰逢改革开放之初，文化氛围十分活跃。特别是流淌着青春气息的大学校园，文娱活动更加丰富。或许是性格使然，22 岁的汪国真沉静斯文，虽然在同学中间也有说有笑，但并不活跃。当时很流行跳舞，却从未有过他的身影，体育活动中也很少看到他，他只是参加一些安静一点的休闲活动，比如下围棋。有一次，汪国真和一个同学下棋下得兴起，正好赶上上课的时间，可是还没决出胜负，于是就决定不去上课了。为了防止系里的辅导员余金水老师到寝室来找他们，两个人甚至想出了应对的办法：请同学在外面锁上了寝室的门。对学生要求严格的余老师发现有人旷课后，果真来到寝室找他们，看到门上挂着的"铁将军"，自然以为他们没在寝室里。可是，汪国真没有想到的是，认真负责的余老师并没有回去休息，反而担心两个年轻人出意外，寻遍了整个校园。汪国真听同学们说起后，十分后悔，急忙找到余老师承认错误，虽然余老师并没有过多责怪，但自那之后，汪国真再没有因贪玩而耽误功课。

　　同学们都亲切地叫汪国真为小汪，还喜欢和他开玩笑，可是汪国真从不恼怒，和蔼谦卑也就出了名。他无比享受着大学的生活，心里充满感慨。几个月之前，同学们还分布在中国乃至海外的不同地方，如今，大家却聚在一起学习、生活，这是多大的缘分啊。而且十分有趣的是，因为原本的生活环境不同，同学们会说很多种语言，一个小小的中文系，仿佛就是一个外语学院——启光是印度尼西亚归侨，能讲一口顶呱呱的印度尼西亚语；朝鲜来的小管，会写一手漂亮的朝文；几个从加拿大和港澳来的同学，竟然还当过英文老师。于是，聪明好学的汪国真也不甘落后，他来自北京，原本对粤语是一无所知的，但暨南大学所在地广州市使用粤语很普遍，所以汪国真便决定自学粤语。令所有同学没有想到的是，自学三个月之后，汪国真就已经能用粤语与来自香港的同学交流了。汪国真学习粤语的办法十分有趣，经常拿着一本《毛主席诗词》找到会说粤语的同学，指着其中的诗句问："这句用广东话怎么读？"同学告诉他以后，他就反复读，为了检验学习效果，他会找到另一个会说粤语的同学："我念给你听，你帮我纠正下。"就这样，汪国真学会了粤语，虽然说得并不地道，可是那种大胆尝试的精神和学习的能力却给同学们留下了深刻印象。

　　在中文系来自全国各地的六十几名同学中，汪国真的学习成绩属于中上游，但考试答卷的速度却是首屈一指。无论是哪门功课，两节课的考试时间，汪国真总是半个小时便答完交卷。汪国真后来曾在文章中提及此事，说："我不是一个把分数看得很重的人，但我也不愿太丢面子，这样一种精神状态，决定了我既成不了优秀生也成不了劣等生。"其实，因为家庭的教育，学生时代的汪国真一直都十分认真刻苦，只不过他不是一个"死脑筋"的书呆子，所以在进入大学校园之后，并没有局限于课本里的知识，而是延续了儿时养成的爱读书的习惯，在书的海洋里广泛涉猎。那时，汪国真最大的嗜好就是泡图书馆和阅览室，如饥似渴地借阅各类喜欢的图书和期刊。普希金的抒情、狄金森的凝练、李商隐的警策、李清照的清丽，都是他在这个时期收获的感受。然而，书的海洋那么浩大，汪国真带着喜悦徜徉，却总也无法触到边际，越发充满渴望，《惜时如金》正是他当时的心境写照——

> 用心灵追赶金色的时间
> 用憧憬编织绚丽的花环
> 捧起庄严的书本
> 走向风
> 走向雨
> 走向大自然
>
> 思索在历史的沙滩
> 听大海弹奏如泣的慢板
> 摆动不懈的双脚
> 耸起巍峨的信念
> 让今日的平静
> 掀起明天的狂涛巨澜

暨南大学中文系的同学们在入校之后不久，便创办了一本油印的系刊《长歌》。这是一本诗刊，由同学们自己编辑、自己创作，虽然印刷质量远远比不上正式出版物的水准，但因为饱含了同学们的热情与心血，已成为校园内最受师生重视的一本刊物。心存文学情怀的同学们总是带着对文学的敬畏，选择自己反复斟酌的佳作，认真誊写在稿纸上，然后郑重地将稿子投送给《长歌》，期待能在诗刊的版面上占据一隅。

在众多投稿的同学中，就有中文系的汪国真。虽然在北京第三光学仪器厂当工人时，汪国真作为工厂里的团支部副书记时常写文章，但那些并不是真正意义上的文学作品；虽然从儿时到步入暨南大学，汪国真都对读书如痴如醉，未曾间断，但读书并不等同于写作。大学的校园有着浓郁的创作氛围，特别是文学系的学生，更是文学的骄子，于是，汪国真也在那时开始尝试着迈出创作的第一步。也许他根本想不到自己日后会有一天享誉中国诗坛，但在当时，他只是带着真诚，尽自己最大的力量写出了一首名为《学校的一天》的组诗——

晨练：

天将晓　同学醒来早

打拳做操练长跑

锻炼身体好

早读：

东方白　结伴读书来

书声琅琅传天外

壮志在胸怀

听课：

讲坛上　人人凝神望

园丁辛勤育栋梁

新苗看茁壮

赛球：

篮球场　气氛真紧张

龙腾虎跃传球忙

个个身手强

灯下：

星光间　同学坐桌前

今天灯下细描绘

明朝画一卷

　　汪国真的这首组诗最终如愿刊登在了校园诗刊《长歌》上。这对一个中文系大一的学生来说，是对创作极大的激励与肯定。接下来的事，却出乎了汪国真的意料。

　　那一天午饭时间，汪国真早早来到学校食堂，打好饭坐在那儿吃饭。不一会儿，他就看到系里的同学陈建平向他兴冲冲地走来。

　　汪国真心里很纳闷，难道陈建平遇到什么喜事了？

　　陈建平走过来，一屁股坐在汪国真的对面，兴高采烈地对他说：

"汪国真，你的诗在《中国青年报》上发表了。"

汪国真吃惊地张大了嘴巴，但转念一想，却笑了，因为他心里知道，自己从未给《中国青年报》投过稿啊，怎么会发表呢？而且，就在不久前，文笔出众的陈建平刚刚在《广州日报》上发表了一首诗，那是整个系里的大新闻，如今，他一定是在拿自己打趣。于是，汪国真笑着说："你别骗我了。"

没想到，陈建平却一本正经地说："我没骗你，是真的，我刚刚看过。"

汪国真看着陈建平，的确没有一点开玩笑的意思，也就开始有些将信将疑起来："是吗？是什么内容的？"

陈建平说："是写校园生活的，是由几首小诗组成的。"

汪国真开始相信陈建平的话了，因为不久前他在系里的诗刊《长歌》上发表的正是这样一组诗。可自己的确没有给《中国青年报》投过稿子，怎么可能刊登呢？汪国真的脑海里瞬间闪现着种种猜测。

那一天，是 1979 年的 4 月 13 日。当时学校为系里的学生订阅了几份报纸，其中就有《中国青年报》，不过，这份报纸是送到中文系的女生宿舍的，如果要看，就需要去女生宿舍找。汪国真没有心思在食堂里慢慢吃饭了，把剩下的饭胡乱吃了几口，就收好饭碗向女生宿舍跑去。

当时的广州，前一天的《中国青年报》从北京发出，第二天才能到达。汪国真在女生宿舍中很快找到了送到不久的前一天的《中国青年报》。他匆匆浏览着，心中好像揣着小兔子，让他不安又渴望，终于，在某个版面上，他的那首名为《学校的一天》的组诗跳入了眼帘。

汪国真兴奋极了，向女同学借了这份报纸，然后兴高采烈地跑出了女生宿舍。此时，他手中的《中国青年报》仿佛是一份价值连城的至宝，带给他的喜悦无法言喻。的确，改革开放之初的中国，文学环境正由封闭走向开放，青年学生创作投稿的热情空前高涨。然而，报刊版面十分有限，能够在报刊上发表诗作，对一个学生来说简直有些遥不可及，特别是在全国性大报的《中国青年报》上刊登诗作，更是难上加难。汪国真后来才知道，《中国青年报》的记者不久前刚刚来到暨南大学进行学校复办的采访，返京时带回了一本校园诗刊《长歌》，其中就有汪国真的组诗《学校的一天》。尽管这首组诗略显稚嫩、直白，但因为真实反映了当时大学生的校园生活，《中国青年报》的编辑梁平才从《长歌》中挑选出并刊发在了 4 月 12 日的报纸上。不久后，汪国真收到了《中国青年报》编辑的来信，信中说："汪国真同学，我们在贵系系刊《长歌》诗刊里选了你的诗，现寄上两元稿费。"

1979 年，在新诗潮风起的时代，大一学生汪国真发表了处女诗作，由此敲开了文学之门。那之后，汪国真饱含激情地投入到文学创作之中，开始积极写稿、投稿。由于处女作发表在《中国青年报》上，是一个非常高的起点，所以汪国真先是将投稿的目标放在首都北京的报刊上。很长一段时间里，他专攻北京的报刊，但寄出的诗稿却总是毫无反馈。不得已，他才将投稿的目光转向广东省内的报刊。然而，降低了规格，并不意味着就会收获成功，他的诗作仍未获得省内报刊的认可，大多如泥牛入海，只是偶尔才能有所收获，且是在一些不知名的小刊物，如《群众说唱》上发表了一首短诗。

虽然投稿受挫，汪国真并没有因此气馁，年少时家庭培养的坚忍品质显现了力量。他一如既往地徜徉于图书馆的诗山书海之中，偶尔的一点收获，也对他有很大的激励作用。或许在暨南大学中文系的同学中间，汪国真并不是文笔最优秀的一个，但他的文学天赋以及勤奋、执着，使他在文学道路上得以越走越远。汪国真的笔头很快，有时一天能写出几首诗。他把课余时间几乎都给了创作，很少参加社团活动。不断有新诗出炉，除了投稿之外，他还经常拿出来和同学分享。同学们读到他的诗，很多时候都直言不讳，有的诗大家觉得好，有的诗大家觉得有欠缺，无论评价好坏，他都笑呵呵地照单全收，但在私下里，他会仔细揣摩，在练习中默默改进。回头看去，暨南大学的读书时光，是汪国真难忘的《青春时节》，也是他发表处女作、敲开文学之门的伊始。在他的诗作《青春时节》里写下了这段美丽时光。

当生命走到青春时节
真不想再往前走了

我们是多么留恋
这份魅力和纯洁
可是不能呵
前面是鸥鸟的召唤
身后是涌浪般的脚步

和那不能再重复一遍的岁月

时光那么无情
青春注定要和我们诀别
时光可也有意呵
毕竟给了我们
璀璨的韶华和炽热的血液

我们对时光
该说些什么呢
是尤怨
还是感谢

　　不过，大学时期的汪国真也不是单单只写诗歌，散文、小说都有所触及，只是相对较少。特别是小说，写的数量屈指可数。至于小说写得少的原因，说来较为有趣。大学时的汪国真总是觉得自己的字写得很不好看，不但无法令观者赏心悦目，若是让人看得太多了，反而会生厌。这种想法可能有些夸张，可是当时的汪国真却受了束缚。在他看来，诗的篇幅有限，如果誊写诗，大多只有短短的几句或是十几句，会在编辑对字体产生厌烦之前就结束了，所以投稿时至少还有被成功采用的可能；可是小说的篇幅较长，每次誊写的时候总是要有好多页，如果字写得很难看，便很难让编辑看到最后，更别说被采用了。就是这个可爱的原因，使汪国真在大学时期写诗多，散文少，小说更少。

但在汪国真创作量极为有限的小说中，也有被报刊采用的作品，就是刊发于 1980 年 1 月 20 日《广东侨报》上的短篇小说《丹樱》。丹樱是故事中的人物，名叫刘丹樱，小说中，他的父亲在日本是很有名的科学家，他没有忘记祖国，毅然返回北京，为国家贡献力量，却在"文革"期间受到迫害，"文革"后选择了回日本。多少年后，长大成人的丹樱学有所成，同样义无反顾地返回了祖国，效仿他的父亲为祖国效力。在小说的结尾处，汪国真以细腻的笔触勾勒出了年轻女孩丹樱的爱国形象——

"难道你不觉得……"我欲言又止。

"你是说，我们国家生活水平太低是吗？萍萍姐姐，俗话说得好：孩子不嫌娘丑。中国人是聪明、勤劳的，祖国一定会富强起来的。"她用低缓的声调亲切地说。

我赞赏她这番话，但我心中仍有一些隐隐的忧虑，我说："生活给我们这些天真的人的教训够深刻了。当年，你爸爸……"

丹樱理解了我没说完的话。她把头微微昂起，用手理了理被夜风吹乱的几根头发，说："萍萍姐姐，我是这样想的：我国人民已经从那场大悲剧中学到了怎样去防止再发生那样的悲剧。因此，我不会再有我爸爸那种遭遇了。你说是吗？萍萍姐姐。我记得我爸爸在送我回国时给我说了很多话，其中有这句古话：'殷忧启圣，多难兴邦。'祖国一定会由我们建设得更好，会富强起来的！"

丹樱，你说得多好啊！

这篇《丹樱》不仅是汪国真的短篇小说处女作，也是他在大学时期唯一发表的一篇短篇小说。1982 年 6 月，暨南大学在恢复高考后的首届毕业生毕业在即，中文系从八二届学生发表在国内及海外各种报刊上的文艺作品中遴选佳作，特别编印出版了八二届毕业班作品选《鸿爪》，其中便收录了汪国真的这篇《丹樱》。

1978 年 10 月，汪国真走进暨南大学，成为该校中文系复办后的第一届学生。
图为汪国真（右二）与同学在暨南大学校门外合影

汪国真（右五）和大学同学在校园内合影

暨南大学中文系八二届毕业生作品选《鸿爪》，其中收录了汪国真原载于 1980 年 1 月 20 日《广东侨报》的短篇小说《丹樱》、原载于 1980 年《中国青年报》的《侨校生活日记》（三则）、原载于 1980 年 10 月 23 日广州《侨报》的诗歌《乡思》（二首）

大学时期的汪国真

汪国真（左二）和大学同学在广州留影

第四章　工作、爱与求索

　　汪国真的大学时光是汲取营养的四年，学习、阅读、写作，令他过得十分充实，感受到了文学世界的无限美好。然而，再美好的时光终究要逝去，1982 年的毕业季，汪国真怀着恋恋不舍与对未来的美好憧憬相交织的复杂情感，结束了大学时期的学习生活，带着满腹理想走向工作岗位。

　　汪国真告别了广州，踏上了北上的列车。此时的他，内心充满了对美好未来的憧憬，喜悦挂在脸上。他看着窗外，也看着对面的位置，那里坐着一个暑期返乡的女大学生。两个初次相识的青年，没有心灵的设防，人生、理想的话题陪伴他们畅谈了一路。女孩子下车时，他们仿佛已经很熟悉，汪国真特意帮助瘦小的她把行李送下车。列车再次远去，站台上的女孩子挥着手，渐渐地在汪国真的视线里消失了。他看着窗外，很快提起了笔，用诗人特有的敏感，记录下点滴感悟，便成为一首名为《旅伴》的诗——

　　　　这一次握别

　　　　就再也难以相见

> 隔开我们的不仅有岁月
> 还有风烟
>
> 有一缕苦涩
> 萦绕心间
> 迎着你的是雾一样的惆怅
> 背过身去是云一样的思念
>
> 命运，真是残酷
> 为什么我们只能是旅伴

8月的北京，酷热却蕴藏着生机。汪国真又回到了这座无比熟悉的城市，将要在他的出生之地开始大学毕业后的全新生活。汪国真被分配进入中国艺术研究院工作。中国艺术研究院由国家文化部直属主管，是中国唯一的国家级综合性艺术科研、创作和教育机构。能够进入这样的单位工作，汪国真内心充满喜悦。

他最初的工作部门是中国艺术研究院下属的文化艺术出版社，在社里担任一名文字编辑，负责《中国文艺年鉴》的编辑工作。这是汪国真第二次从学校走向社会，第一次是在错失进入高中的机会以后，15岁的他不得已走进工厂做了一名工人，开始了七年半与铣床相伴的"三班倒"时光。这一次，他从象牙塔内走出，做了一名受人尊敬的文字工作者。事实上，汪国真对于文字的热爱是发自内心的，能够在工作中与文字打交道，这令他感到很满足，工作上十分尽心尽力。在工作近两年以后，他还为了能把工作做得完美而进一步学习。1984年夏天，汪国真特意报名参加了一个绘画学习班，以此提升自己在编辑工作中对书籍版式设计、图书插图等方面的鉴赏力。

那是一个美妙的星期天，天蓝、云白、风清。

学习班的所在地距离汪国真的家很近，在一所中学里。报名那天，汪国真早早出了门，没想到的是，他走到报名处的时候，报名的人已经排起了长队。汪国真向队尾缓缓走去，然而就在不经意间，站在队尾的那个女孩子忽然闯入了他的眼帘。她穿着一条简单却洁净的白色连衣裙，黑黑的长发披在肩上，映衬着她那清秀而俊俏的脸庞。汪国真不知道自己为什么忽然变得很紧张，在恍惚之间走到了队尾，站在了那个女孩子的身后，虽然是在排队等待报名，可是心却早已乱了，不时想要看清那女孩子的脸。

女孩子背对着汪国真，汪国真故意咳嗽了一下，可是女孩子并没有回头；汪国真又向侧面挪了一步，可只能看到女孩子脸庞的侧面，愈发"不识庐山真面目"。那一刻，汪国真第一次体会到了欲罢不能的感觉。他知道，自己已经萌生了爱意，虽然很朦胧，却令他难以自拔，可他毕竟是个文化人，虽内心如火，却没有勇气与近在咫尺的姑娘打个招呼。就这样，他感觉等待的时间既长又短。长，是因为排队等待报名的整个过程中，那个姑娘"只见背影，不见容颜"，对于怦然心动的汪国真来说，时间变得那么漫长；短，是因为一直等到报名结束，他也未能看清女孩子的脸，或者说看到了却因为看不够而模糊了视线。就这样，汪国真目送着填完报名表格已经离开的女孩子渐渐远去，唯有在心底默默祈祷，希望负责招生的老师能把她和自己分配在一个班。

那天报名之后，汪国真回到家中，眼前始终萦绕着那个女孩子的身影，那种美妙的感觉已经淋漓尽致地体现在了他的抒情诗《你》之中——

典雅如古琴
不知怎样的一颗心
才能弹

墙上的油画
已灿烂了几百年
精致得只如你的背影

仿佛为雨天和落叶而生
行到哪里都让人感怀
走动着是泉水
凝神是竹

或许是命运使然，汪国真和女孩子果真被分在了同一个学习班里。这一次，汪国真清楚地看到了女孩子的面容。她很漂亮，眉清目秀中透露着淡雅气质，正是汪国真心目中完美的异性。

开学那天，老师照例要认识一下新生，做了一次点名。这次点名是汪国真求之不得的。他坐在自己的位置上，眼睛不时看向坐在不远处的那个女孩子，终于，老师念到了她的名字——筱清。

"筱清，筱清……"汪国真默默地念着这个美丽的名字，记在了心底。可以说，这是汪国真情感世界里的"亮色"，虽然只是萌生了朦胧的爱意，但这份简单的爱意却很纯粹，让他充满向往。不过，28岁的汪国真知道自己很喜欢筱清，可是从小以来严格而传统的家庭教育和生活环境，却让他并不敢轻易表达自己的爱意，只是在默默中留意观察筱清的一举一动，渴望在无言中能和她有一份默契。

学习班最初的训练是临摹课，学生们坐在一起临摹一座石膏像。汪国真坐在筱清侧后面不远的地方。在临摹的时候，每个人都是一边认真观察石膏像一边落笔绘画，汪国真每次抬起头观察石膏像的时候，总是忍不住将目光又移向了筱清。筱清坐在那里，很安静，认真地看着前方讲台上放置的石膏像，低头时已下笔如有神，很显然，她是有绘画功底的。汪国真不禁想起了一个词语：秀外慧中，越发对这个清纯的漂亮女孩心怀好感。

日后，汪国真曾写下一首名为《对你的想念》的诗——

　　　对你的印象
　　　仿佛是一幅经典油画
　　　最耐人寻味的是侧影

对你的感觉

仿佛遥远的古韵

弦弦筝筝都动听

对你的想念

仿佛飞檐下的风铃

宁静却不平静

对你的感情呵

仿佛生机盎然的花圃

虽然五颜六色的

但全部是它的内容

　　这样的默默观察持续了好久，虽然彼此也打过招呼，却并没有相互熟识。汪国真并不知道，他对她的感情会走向何方，会不会有结果，但对一个规矩本分的年轻人来说，默默观察仍旧是汪国真选择的方式。直到有一天，一个意外的消息打破了汪国真的坚持。

　　那一天，筱清没有来上课。汪国真看着原本属于她的位置空空的，始终无法静下心来听课，而是在心底猜测着种种可能：会不会是生病了？会不会是在路上出了意外？……课间休息时，汪国真看到几个女同学正在聊天，便忍不住靠近过去，看是不是能听到关于筱清的消息。果然，女同学们说的正是筱清的事。一个女同学说，筱清因为男朋友家临时有事，所以才没来上课。这个消息不禁让汪国真心中一沉，难道筱清有了男朋友？女同学后面说的话，他再也不想听下去了，快步回到自己的座位上坐下，内心的焦灼和痛苦已经挂在了脸上。汪国真不知道那天剩下的上课时间是如何度过的，他的心无比烦乱，脑海里满是筱清那无比美丽的身影……

那天之后，汪国真没有再去学习班上课，他觉得自己忽然对绘画没了兴趣。不过，这个理由的真正原因只有他自己最清楚，是因为那个关于筱清的意外消息，或许只有逃避才是最好的选择。

这段经历或许根本算不上爱情，但在汪国真的心底却是真挚的。朦胧的"爱意"渐渐远去，工作岗位上的汪国真已回归平静，把暗恋的记忆留存在心底，将更多的精力投入到编辑工作之中。

工作之余，汪国真从未放弃过写作。自从《中国青年报》刊发了他的处女作组诗《学校的一天》之后，汪国真一直笔耕不辍。及至走上工作岗位，汪国真一边完成本职工作，一边利用业余时间写稿、投稿。他经常翻阅各类青年报刊，在报刊发表的文章中，汪国真能够感受到强烈的青春之风，或是反映青年呼声，或是解答青年的困惑，使同样是青年人的汪国真心有所感、心有所动，自然而然地将创作方向落在了青年主题上，以文字解答和排遣当代青年遇到的烦恼、挫折、迷惑与困难，慰藉与他一样的年轻心灵。可是，针对诗歌创作而言，工作之初这段时期却是汪国真的低谷期。之所以称为低谷期，并不是指创作产量少，而是创作出来的诗作总是屡遭退稿的厄运。文学是条辛苦路，取得成功十分不易。当时的中国社会，正悄然发生着变化，并在 1984 年出现了新中国

成立后第一次下海经商的浪潮，大批青年奔向南方热土，形成壮观的
"孔雀东南飞"景象。与那些下海追求发财的人相比，汪国真显然是在
走一条"没有前途"的路，不仅中国艺术研究院不属于收入高的单位，
而且，他所热爱的文学创作注定是一条清苦的路。然而，汪国真对他的
选择自得其乐——

> 你的路
>
> 已经走了很长很长
>
> 走了很长
>
> 可还是看不到风光
>
> 看不到风光
>
> 你的心很苦　很彷徨
>
> 没有风帆的船
>
> 不比死了强
>
> 没有罗盘的风帆
>
> 只能四处去流浪
>
> 如果你是鱼　不要迷恋天空
>
> 如果你是鸟　不要痴情海洋
>
> ——《选择》

只是频繁遭受退稿的打击，需要有一个健康的心境，勇于面对如果生活不够慷慨的处境——

　　如果生活不够慷慨

　　我们也不必回报吝啬

　　何必要细细地盘算

　　付出和得到的必须一般多

　　如果能够大方

　　何必显得猥琐

　　如果能够潇洒

　　何必选择寂寞

　　获得是一种满足

　　给予是一种快乐

　　　　　　　　　　——《如果生活不够慷慨》

不过，无论外界如何纷扰，汪国真一直坚守着自己心底的那片文学净土，即使面对退稿的打击也是如此。他在一首名为《唯有追求》的诗中，表达了他在逆境中的坚守——

　　生活是一望无际的大海

我是大海上的一叶小舟

大海没有平静的时候
我也总是
有欢乐　也有忧愁

即使忧愁
如一碗苦涩的黄连
即使欢乐
如一杯香醇的美酒
把他们倾注在大海里
都太淡了　太淡了

一如过眼烟云
不能常驻我心头
唯有追求
永远和我相伴
在风平浪静的时候
也在浪尖风口

　　坚守总会有收获。1984 年，在文学杂志百花齐放的这一年，汪国真在文学之路上踏出了重要的一步。1981 年创刊的《年轻人》是一本在青年读者中具有较大影响的杂志，也是汪国真投稿的期刊之一。《年轻人》由共青团湖南省委主办，面向全国公开发行，作为共青团的舆论宣传阵地，影响和帮助了无数青年。汪国真有感于当时一些青年对生活的悲观失望，想到自己也曾被这种负面情绪侵扰过，他写了一首名为《我微笑着走向生活》的诗，认真誊写在稿纸上，装入信封内，寄往了长沙的《年轻人》杂志。当时的汪国真并没有对这次投稿寄予过多期望，他很清楚，杂志社每天都会收到很多全国各地投递过去的文学作品，能在投稿中被编辑发现、刊发并不是一件容易的事，特别是影响较大的《年轻人》更是如此。因此，诗歌寄出以后，汪国真一如既往地工作、生活，依旧在工作之余从事创作。然而，让他没想到的是，这首《我微笑着走向生活》竟然发表了。

　　　　我微笑着走向生活，
　　　　无论生活以什么方式回敬我。

　　　　报我以平坦吗？
　　　　我是一条欢乐奔流的小河。

　　　　报我以崎岖吗？
　　　　我是一座大山庄严地思索！

　　　　报我以幸福吗？

我是一只凌空飞翔的燕子。

报我以不幸吗？
我是一根劲竹经得起千击万磨！

生活里不能没有笑声，
没有笑声的世界该是多么寂寞。

什么也改变不了我对生活的热爱，
我微笑着走向火热的生活！

在 1984 年第 10 期的《年轻人》杂志上，《我微笑着走向生活》那么醒目。汪国真怀着无比兴奋的心情翻看着这本刊载自己诗歌的杂志，怀着感恩的心深深记下了编辑谢乐健的名字。汪国真反复吟诵着自己笔下写出的诗句，心里美滋滋的。的确，这首在求索与等待中写就的诗歌，简练却言之有物，朴实却饱含激情，很快在读者中产生反响，很多读者写信给杂志社，谈论自己对这首诗的理解与感受。汪国真日后才得知，一位战斗在老山前线的年轻战士，在读过他的《我微笑着走向生活》之后，特意将诗抄在了自己的笔记本上。不幸的是，这位战士在战斗中英勇牺牲了，人们在整理他的遗物时，才发现了他的笔记本，也看到了他在笔记本上工工整整抄录下的诗。这份特殊的遗物最终被送进了中国革命博物馆，作为展品带领参观者感受那段已经远去的历史和烈士的心路。汪国真说："我感谢他,他用生命给了我一份人生的厚礼。愿我的诗,是他墓碑下的一束小小的山茶花,在他英灵寂寞的时候,悄悄地开放。"

《我微笑着走向生活》影响了读者,也使时任《年轻人》杂志社副总编辑的何满宗注意到了这首诗的作者汪国真,并开始与他在诗歌创作上进行书信讨论。何满宗也是一位诗人,主要创作传统的格律诗,注重的是形式和内容,包括标点符号要打准确、读起来要押韵等。但汪国真则在信中表达了他对诗歌创作的不同理解,他认为,诗歌需要革新,应该朝着时代前进的方向发展,押韵不押韵、打不打标点不要紧,关键是要表达作者的理念,不拘泥于形式表达出主题思想和内心情感,也就是适合年轻人心理的时代感。作为《年轻人》杂志的副总编辑,何满宗对青年读者的阅读心理十分了解,在那个改革开放伊始的年代,很多年轻人对前途、对未来感到迷惘,正渴望通过文学作品寻找到积极进步的思想。而汪国真的诗歌积极向上、鼓舞人心,用文学的力量为年轻人朝着美好未来奋斗提供了指导思想。这是一种看不见的力量,起到了潜移默化的作用。或许正因如此,这首《我微笑着走向生活》在《年轻人》上一经刊发,立即在读者中引起共鸣,成为汪国真文学道路上第一首引起读者强烈反响的诗。

不仅是读者,《我微笑着走向生活》也引起了其他文学期刊的注意。《年轻人》刊发之后,1985年第3期的《青年文摘》和第8期的《青年博览》分别对这首诗进行了转载。率先转载《我微笑着走向生活》的《青年文摘》是由中国青年出版社主办的一本文摘类月刊,淡雅、清新，具有青春活力，针对青年人，兼顾各层次读者，集中了从青春型期刊、报纸及书籍中精挑细选出来的名篇佳作，当时的发行量已经超过百万册。《青年文摘》能够转载《我微笑着走向生活》，无疑是对诗作的巨大肯定。就是因为这次转载，汪国真确定了自己文学创作的方向。的确，虽然汪国真当年在《中国青年报》上发表的处女作是一首组诗，但他在接下来的创作中并没有限定在诗歌的范畴，也会经常写小说等其他文体的作品。直到《青年文摘》的转载，汪国真忽然意识到，自己是有能力写出为读者、特别是青年读者所喜爱的诗歌的。于是，他做了一个重要决定，就是自己今后将要在文学道路上定向发展，专心从事诗歌创作。

可以说，汪国真最初的文学生涯与三份报刊密切相关：《中国青年报》《年轻人》和《青年文摘》。日后，汪国真说："或许直到今天，刊发我处女作的《中国青年报》那位叫梁平的编辑，刊发我第一首有影响的诗作的《年轻人》杂志那位叫谢乐健的编辑，以及第一次转载了我的作品的《青年文摘》那位叫秦秀珍的老师都没有意识到，没有这三次机遇，当年一个喜欢写作、名叫汪国真的青年，至今还可能默默无闻。他们或许完全没有意识到，在他们的举手投足之间，便成全了一个年轻人未来的事业……'碧玉妆成一树高，万条垂下绿丝绦。不知细叶谁裁出，二月春风似剪刀。'在我心中，他们便是裁出一片风景的春风。"

1982 年，汪国真大学毕业。图为暨南大学中文系七八级毕业生暨全系教师合影留念

告别大学校园，即将踏上工作岗位的汪国真（右二）

年轻的汪国真气质文静，含蓄内敛

汪国真十分珍惜与文字相伴的时光

第五章　诗人的成名作

　　1985 年，汪国真下定专门从事诗歌创作的决心时，朦胧诗等新潮诗还在走红，但他并不想盲目效仿，而是摸索着自己的风格，努力形成自己的特色。于是，在艺术上，他追求短小，只写 20 行左右的诗；凝练，做到字斟句酌；深刻，富于哲理的韵味；平易，贴近青年，特别是贴近青年人的生活。在题材和内容上，他不写应景的诗歌，而是关注人类情感上普遍与永恒性的主题，例如爱情、友情、亲情、事业等。汪国真曾想，一百年后仍然会有人失恋，仍然会遇到送别的场合，那么自己的诗就会长久存在。

　　不过，虽然选择了诗歌作为自己文学创作的既定方向，但成功路上的曲折却是无法避免的。虽然《我微笑着走向生活》在读者中引起了一定的反响，但对于诗坛而言，汪国真依旧是一个名不见经传的作者，尚不为大多数读者所知晓。

　　汪国真依旧在不断创作，在写诗、投稿、期待发表的循环中等待，等待更多的人读到他的诗，喜欢他的诗。等待的过程是孤独的，但渐渐地，他的诗越来越多地见诸报端以及期刊的版面，水滴石穿，以往面对不断退稿后的勤奋与坚持，终于积累到了今天的收获。可是，尽管诗作

不断问世，也总是有读者的反馈信飞来，但对于汪国真而言，尚未有一
首全国闻名的代表作，他本人也未步入知名诗人的行列。随着年龄的增
长，接近而立之年的汪国真内心多了一份迷茫，无论是事业还是感情，
都没有成功的东西可以证明自己，让他产生了越来越强烈的紧迫感。这
种紧迫感来自他的内心，却是所有青年人的共同感受，于是，汪国真想
要写下一首诗，既为自己，也为其他面临同样困惑的青年人，解答问
题、给予鼓励。很快，汪国真的笔下流淌出了诗歌《热爱生命》的美丽
诗句，用文字阐述了他对事业、对爱情、对命运、对人生的感悟——

    我不去想是否能够成功

    既然选择了远方

    便只顾风雨兼程

    我不去想能否赢得爱情

    既然钟情于玫瑰

    就勇敢地吐露真诚

    我不去想身后会不会袭来寒风冷雨

    既然目标是地平线

    留给世界的只能是背影

    我不去想未来是平坦还是泥泞

　　　　只要热爱生命

　　　　一切，都在意料中

　　为了促成诗歌的发表，汪国真不仅投稿，有时还会拿着写满诗歌的本子跑去编辑部，向编辑们介绍自己一些作品的构思。然而，工作繁忙的编辑并没有对这个上门自荐的文艺青年给予足够重视，对他的诗作也并不认可，包括那首《热爱生命》。后来，《热爱生命》又被汪国真投往北京、四川等多家期刊，但始终没有发表，直到有一天，汪国真幸运地遇到了欣赏他作品的伯乐。

　　那是1987年夏日的一天傍晚，妹妹汪玉华如约等到了她的哥哥汪国真。此时的汪玉华已经组建了自己的家庭，从父母在教育部的家属楼里搬到了自己的新家。她的一位邻居就是时任《追求》杂志副主编的杜卫东，一次偶然的机会，汪玉华向杜卫东提到了自己的哥哥汪国真，并说他是一位诗人。作者与编辑，本来就是相互吸引的协作体。于是，在汪玉华的沟通下，汪国真第一次见到了杜卫东。

　　走进家门的时候，杜卫东正坐在屋子里纳凉，看见两人走进来便站起身。

　　"这就是我哥哥汪国真！"汪玉华介绍说。

　　杜卫东一边伸出手来和汪国真握了握，一边仔细打量着他。这个中等身材的年轻人略显腼腆，挺拔的鼻梁上架着一副近视眼镜，镜片的后面则是一双如秋水一样平静而纯洁的眼睛。

　　几个人坐下以后，杜卫东问汪国真："你写诗？"

汪国真很清楚，《追求》杂志是由中国青年出版社主办的一本面向青年读者的文学刊物，作为副主编的杜卫东，接触到的都是有一定影响的作者。在多如繁星的诗人或准诗人大军中，自己尚没有全国知名的诗作，他一定没有读过自己的作品，更不会知道他这个年轻人是谁。但汪国真还是自信而真诚地点点头，微笑着从衬衫的口袋里掏出几页稿纸递了过去："这是我最近写的几首诗，请指点。"

杜卫东接过去的当口，汪国真又有些腼腆地补充说："我很喜欢读《追求》，不知道这些诗能不能在《追求》上占一点版面？"

杜卫东没有说什么，只是将汪国真递过来的几页纸随手翻看着。他的确并不知道汪国真的名字，更没有读过他的诗，所以，面对一个年轻人的自荐，杜卫东并不好回答，只能从他的作品中寻找答案。

那几页纸上是汪国真认真誊写的组诗《年轻的思绪》，其中就有那首《热爱生命》。杜卫东翻看着，竟然被汪国真的诗所吸引，他感到一股清新之风拂面而来，眼前的这些诗不故作高深、不故弄玄虚，而是以白描的手法、质朴的语言来解悟人生、阐发哲理，这些都与《追求》的整体风格刚好一致。

透过杜卫东阅读时的表情，汪国真已经感觉到了希望。的确，杜卫东认可他的诗，并且因为诗的吸引，杜卫东决定打破《追求》杂志不发诗歌的惯例，编发汪国真的组诗《年轻的思绪》。1988 年第 2 期的《追求》杂志上，组诗《年轻的思绪》在显著位置上被推出，其中就包括曾被几次退稿的《热爱生命》。

《追求》杂志将组诗《年轻的思绪》带入了大众的视野，正因为

《追求》杂志的刊发，使一些著名的青年类文摘期刊注意到了汪国真的诗。1988 年第 10 期的《青年文摘》转载了组诗《年轻的思绪》，而同一期的《读者文摘》更将《热爱生命》作为卷首语加以转载。这两本杂志都是具有全国影响的文摘期刊，特别是选择将《热爱生命》作为卷首语的《读者文摘》，诞生于 1981 年 4 月，是当时中国发行量最大的杂志，1988 年，为进一步扩大读者市场，《读者文摘》进行了分印，以宜人的价格、准确的发行时间，拥有了多达 180 万的庞大读者群。《热爱生命》在《读者文摘》上一经刊出，立刻在广大读者中间产生了热烈的反响。仿佛就在一夜之间，汪国真拥有了遍布全国的拥趸，无数青年反复吟咏他的诗、抄录他的诗，记住了他的名字，与此同时，读者的来信如雪片般飞来，数以万计的读者表达着对他的诗歌的喜爱和赞美，《热爱生命》成为汪国真走向辉煌的成名作。

后来，汪国真写下一篇名为《退稿》的短文，回忆了《热爱生命》一诗辗转于投稿、退稿之间的经历——

很多年前的一天，我饱含深情地写下了一首诗。

这首诗，是我写诗以来最喜欢的一首。诗写完了，像往常一样，我又字斟句酌地改了两遍，在确信已经没有任何可以改动的地方之后，我把这首诗和前些天写的另一首诗一起誊好，然后怀着极为虔诚的心情，把它寄给了一家最权威的文学刊物。在此之前，我已经把这家刊物发表过的诗歌反复研究了一下。这两首诗，是在自己确信并不比别人逊色之后，才斗胆寄出的。

过了一段时间，那家刊物回信了。当我怀着兴奋的心情用剪刀剪开信封之后，我所看到的并不是我希望看到的一张稿件采用通知单，而是我那颗交出去的"心"。

对于这家综合性的文学刊物来说，这是"完璧归赵"，而对于我来说，却是"全军覆没"。两首诗一首也没有用，那首饱含着我的追求、思索、情感的诗，也被无情地"枪毙"了。

我把退回来的两首诗反复看了几遍，在确信了这两首诗的价值之后，我又怀着一种"莫愁前路无知己"的心情，把它寄给了另一家很有影响的省一级的诗歌刊物。

我相信，这次一定会发表的。可是，不久以后，一纸退稿笺又宣判了这两首诗的死刑。

这两家刊物的编辑都很轻松、很礼貌地把门关上了，可是把我给关门外边了。

当我再三把这两首诗看过之后，我并没有像从前许多次接到退稿后为自己的作品感到羞惭和对编辑水平感到诚服，而是感到了一种知音难觅的怅惘。

于是，我又怀着一种难以言述的不平心情，把这两首诗寄给了一家青年刊物《追求》。这两首诗，很快便在1988年第2期《追求》发表了。其中，我最喜欢的这首诗，很快被当年第10期《读者文摘》作为卷首语刊载，同一期的《青年文摘》也以显著位置转载了这首诗。仅仅两个月之后，这首诗又被中央电视台搬上屏幕，中央人民广播电台也应听众的要求多次播放了这首诗。这首诗现在已被译成了外文。

许许多多的读者就是从这首诗开始，知道了有一个喜欢写诗的青年人叫汪国真，这首诗也自然而然地成了这个喜欢写诗的青年人的代表作。

这首诗和一篇著名的小说同名，它有一个叫人热血沸腾的名字——《热爱生命》。

可以说，20世纪80年代是一个充满激情、理想与浪漫的年代，诗歌对青年人的影响远远超过小说等文学形式。作为当时青年人抒发内心情感与理想的最佳手段，写诗已成为那个时代最高雅和最时髦的行为。在无数写诗的青年人中，汪国真能够脱颖而出，完全在于他的诗本身的魅力。汪国真用他的诗轻轻叩开了年轻读者的心扉，让他们从他的诗中获得了一种对自我和生活的感悟与发现。

不过，汪国真也意识到，能够认可、发表自己诗歌的刊物都是一些面对青年的大众杂志，而不是纯文学杂志。这其实是一个很有趣的现象。仔细想来，当时的纯文学杂志正走向高度专业化，有极其复杂的技巧，有独特的语言系统。可是，读者的感受呢？汪国真觉得，诗歌最重要的还是要与读者产生共鸣，既然自己的诗受到了青年读者的欢迎，那么就说明他的创作已经走进了读者的心扉，能够为读者所欣赏，这才是他要执着追求的创作方向。

1988年3月20日的《中国青年报》上，刊发了汪国真的另一首诗《思念》——

我叮咛你的
你说　不会遗忘
你告诉我的
我也　全都珍藏

对于我们来说
记忆是飘不落的日子
——永远不会发黄

相聚的时候　总是很短
期待的时候　总是很长
岁月的溪水边
捡拾起多少闪亮的诗行

如果你要想念我
就望一望天上那
闪烁的繁星
有我寻觅你的
目——光

　　《思念》刊发后，很快被一家民间文学社团的内部读物转载。一家青年期刊的编辑偶然从文学社团的内部刊物上读到了这首诗，他当时并不知道汪国真是谁，只因为诗好便决定转载。转载过程中，却出现了一个小插曲，刊物的版面上将《思念》的作者误印成了"汪国英"。因为不熟悉汪国真的名字，无论是编辑还是校对，都没有发现这个谬误，以致刊物面市后一石激起千层浪。那段时间，编辑部收到众多读者的来信，都是义愤填膺地指责"汪国英"剽窃汪国真的诗，编辑经过查证，才发现杂志上误将名字印错了，连忙刊登了更正声明，消除了误解。通过这件事，编辑部的编辑们意识到，这个名不见经传的汪国真在读者中很有影响，一首并未在媒体上产生过较大影响的诗，竟然有那么多读者熟悉。而此时，汪国真的成名作《热爱生命》已开始席卷全国。

　　成名只在一瞬间，但成名并不是汪国真的目标，他最渴望的，还是能有更多的人读他的诗、喜欢他的诗。因此，汪国真一如既往地利用一切可能的时间在他的小屋里笔耕不辍。

　　因为青年读者的欢迎，汪国真的诗越来越多地见诸报纸、期刊。

　　这些诗中，有引导青年人乐观向上的《我知道》——

　　　　欢乐是人生的驿站

　　　　痛苦是生命的航程

　　　　我知道

　　　　当你心绪沉重的时候

　　　　最好的礼物

　　　　是送你一片宁静的天空

你会迷惘

也会清醒

当夜幕低落的时候

你会感受到

有一双温暖的眼睛

我知道

当你拭干面颊上的泪水

你会粲然一笑

那时，我会轻轻对你说

走吧　你看

槐花正香　月色正明

有劝慰青年人正确面对困难与挫折、选择快乐人生的《假如你不够快乐》——

假如你不够快乐

也不要把眉头深锁

人生，本来短暂

为什么　还要栽培苦涩

打开尘封的门窗
让阳光雨露洒遍每个角落
走向生命的原野
让风儿熨平前额

博大可以稀释忧愁
深色能够覆盖浅色

还有鼓励青年人勇敢爱的《只问一声爱吗》——

你向我走来
我向你走去
终于，我们并肩
站在了一起

虽然我高出你许多
但，你也无须把脚尖踮起
只问一声爱吗
就足够了，只要有爱
就能缩短一切距离

世俗是一张无形的大网

我们可不是网里的游鱼

让别人去说三道四吧

就这样　我们肩并肩

坦然地向前走去

大喊一声：爱……

　　这首《只问一声爱吗》在《中国青年》杂志上发表后，还曾发生一段促成姻缘的小故事。那是一个县城的青年读者写给杂志社的读者来信，讲述了发生在他身上的爱情故事。这个青年读者虽然不到 30 岁，却已是该县县委宣传部长，可以说是县城里的精英。这样一个精英的爱情，无疑会受到更多人的关注，可他喜欢的对象却偏偏不普通，不仅年龄比他大，还是一个单亲妈妈。在当时的社会环境下，传统的保守观念占据了主流，无论如何，这两个人的结合都不会为人们所接受。世俗是一张无形的大网，他们面对家人、朋友的压力和社会舆论的非议异常痛苦，对走向婚姻也充满了疑虑。就在两颗心徘徊、痛苦的时候，他们读到了《中国青年》杂志上刊发的汪国真的诗，就是那首《只问一声爱吗》。他们反复吟咏，觉得这首诗仿佛就来源于他们的经历，写出了他们的感受。于是，他们扪心自问："爱吗？"当答案是肯定的时候，社会舆论、家庭压力都不再是不可逾越的鸿沟。他们结合了，通过他们的经营，无论是家庭还是社会最终都接纳了他们。饮水思源，如果不是汪国真的诗，或许他们的爱情不会有果实。

　　为表达对初中老师的感谢之情，汪国真曾写下一首名为《感谢》的诗歌。《感谢》传达了感念之情，感动了无数心怀感恩的读者，其中就包括一位部队里的军官。每次读到《感谢》，这位军官都会心有所动，脑海里浮现出无数在自己人生路上给予过帮助的师长、友人，因为感恩，所以越发积极面对工作、面对生活。然而，不幸的是，这位军官在一次事故中出了意外，虽然保住了生命，却成了一个植物人。他的恋人守护在病床边，眼角挂着泪，却无力唤醒病中的男友。忽然，她想到了汪国真的诗，那首男友患病前最喜欢的《感谢》。于是，她找来一台录音机，伴随着一段深情的音乐，亲口朗诵了汪国真的《感谢》。灌制好的诗歌磁带被带到了病床边，在录音机中流淌而出，日复一日，反复吟咏。忽然有一天，奇迹发生了，她惊喜地发现，病床上男友的眼角流出了泪水——他有了知觉。一首《感谢》，因为走进了心灵，所以才唤醒了病床上的军官，这件事不仅感动了无数认识他们的人，也感动了《感谢》的作者汪国真，令他越发充满激情地去创作能够走进读者心灵的诗。

汪国真性格乐观，
尽管投给杂志社的
诗歌大多泥牛入
海，但他从未放弃

汪国真觉得，诗歌最重要的还是要与读者产生共鸣，这是他要执着追求
的创作方向

第六章　开启"汪国真年"

1990 年前后，一些青年期刊的编辑先后找到了汪国真，邀请他在杂志上开设专栏。

这是汪国真以前想都不敢想的，但如今却真实地发生在他身上。此后，他开始担任《辽宁青年》《中国青年》《女友》等几家知名期刊的专栏撰稿人。

汪国真很清楚，这些专栏都是因为他的诗受欢迎应运而生的。汪国真记得，当《女友》杂志的负责人崔鹏飞约他开专栏时，他曾经问为什么要给他开设专栏。崔鹏飞回答说，很多读者写信给编辑部，甚至有的读者干脆找上门来，都是表达一个意思，就是希望多看到汪国真的文章。他们甚至把汪国真在其他刊物发表的文章寄过来，推荐《女友》发表。这样的情况越来越多，杂志社自然就重视起来，经过研究，觉得既然这么多读者喜欢汪国真的诗，与其零零散散地发，不如直接开个专栏，所以才找到他。汪国真听了，心里美滋滋的，这种喜悦不仅因为杂志社开设专栏的邀请，更主要的是，他从这件事中感受到了读者的认可。汪国真一直是一个勤奋写稿的人，既然杂志社邀请开设专栏，他没理由拒绝。得到肯定答复以后，崔鹏飞很兴奋，说："你可以给专栏起几个名字，然后编辑部来定。"于是，汪国真认真地想了几个专栏的名字，比如"一叶白帆"等，很快就转给了杂志社。可第一篇文章发表时，汪国真才发现，编辑部并没有采用他起的那些富含文学色彩的名称，而是返璞归真，以他的名字命名——汪国真专栏。

1990年初，几本青年期刊的个人专栏先后开设，汪国真的诗和散文开始有了定期刊发的阵地，由此架起了汪国真与读者之间稳定而及时的桥梁。他很兴奋，写作较以往更加投入。如果说以前的作品能否发表是个未知数，那么如今的创作则都是有的放矢。汪国真不吸烟，也几乎不沾酒，除了写作之外就没有其他嗜好了，因此，工作之余，他全身心地投入创作，写出了很多美好的诗。

有《但是，我更乐意》——

为什么要别人承认我

只要路没有错

名利从来是鲜花

也是枷锁

无论什么成为结局

总难免兴味索然

流动的过程中

有一种永恒的快乐

尽管，我有时也祈求

有一个让生命辉煌的时刻

但是，我更乐意

让心灵宁静而淡泊

有《永恒的心》——

岁月如水

流到什么地方

就有什么样的时尚

我们怎能苛求

世事与沧桑

永不改变的

是从不羞于见人的

真挚与善良

人心

无论穿什么样的衣裳

都会

太不漂亮

有《祝你好运》——

　　还没有走完春天

　　却已感觉春色易老

　　时光湍湍流淌

　　岂甘命运

　　有如蒿草

　　缤纷的色彩

　　使大脑晕眩

　　淡泊的生活

　　或许是剂良药

　　人，不该甘于清贫

　　可又怎能没有一点清高

　　枯萎的品格

　　会把一切葬送掉

　　祝你好运

　　愿你的心灵

　　和运气一样好

可以说，诗的传播是潜移默化的，影响也是超乎想象的。正是因为诗的传播与影响，汪国真的第一本诗集出版了。

1990 年 4 月初的一天，部门的同事李世耀找到汪国真，向他引荐了一个人。这个人名叫王鲁豫，是中国艺术研究院美术研究所的一位博士生，辗转找到汪国真，是为汪国真诗集的出版事宜而来。他转达了学苑出版社一位编辑的合作意愿：希望以最高的稿酬、最快的速度和最好的装帧来出版汪国真的诗集。这个消息对汪国真来说，无疑是十分意外的。出版一本诗集是所有诗人梦寐以求的事情，但现实的情况是，大多诗集是滞销的，所以，诗人出版诗集的形式无非有两种，其一是作者自费出版，其二是自费包销图书，无论哪种形式，都是诗人承担了图书出版的成本。然而，汪国真听到王鲁豫转达的消息，却与上述两种形式截然不同，对于他这个在中国艺术研究院出版部门工作、熟悉出版市场的编辑来说，简直就是天方夜谭。

但学苑出版社的合作意愿却是真诚的，其中还有一个有趣的小故事。

学苑出版社编辑部主任孟光的妻子是北京太平桥中学的一位英语老师，她发现，学生们有几次在上课时并没有认真听讲，而是在下面偷偷抄着什么东西。于是，一次下课的时候，她就找来几个学生，问他们："你们上课的时候在抄什么？"学生们告诉她："抄诗。"老师很意外，又问："你们抄的是谁的诗？"学生们回答说："汪国真的诗。"当时老师并不知道汪国真是谁，就很好奇地追问："他的诗很好吗？"没想到，学生们都笑了，他们告诉老师："每个学校的学生都在抄他的诗呢。"

　　一个似乎并不知名的诗人的诗竟然在校园内有如此广泛的流传，这令老师颇感意外。她记下了汪国真的名字，回到家中，便把这件事告诉了在出版社工作的丈夫孟光。孟光听后也很意外，出于职业的敏感，他觉得这么多学生抄这个人的诗，而且那么疯狂，连课也不认真听，如果他的诗集能够出版，很可能就是一本畅销书。

　　为了证明自己的判断，细致的孟光很快做了一些调查，他发现，喜欢汪国真诗的青年读者大有人在，他们一直想买汪国真的诗集却买不到。此外，一个出版界的同行还向他讲述了一段亲身经历。在不久前的一次书市上，出版社的发行人员发现，展位上先后迎来很多目的一致的青年读者。最初来的一个年轻人来到展位问："有汪国真的诗集吗？"发行人员回答说："没有。"不一会儿，展位上又来了一个年轻人，还是问："有汪国真的诗集吗？"原本并未引起注意的发行人员摇摇头，可是在心里揣摩开了，这个汪国真是谁啊？怎么都在找他的诗集呢？这时又走来两个年轻女孩，目光盯着展位上的书，一副寻找的样子，发行人员忍不住问："是找汪国真的诗集吗？"女孩子一听，以为这里有汪国真的诗集，一下子兴奋极了，连连点头，可是听到的却是发行人员否定的回答，不禁露出了极为失望的表情。看着两个女孩准备离开，充满好奇的发行人员问道："这个汪国真是谁呀？"两个女孩子听了，瞪大眼睛，十分意外的样子看着他们："你们连汪国真都不知道？亏你们还是出版社的……"

　　很少有哪个诗人像汪国真一样，在诗集出版之前就拥有那么多的读者，而读者的需求就是出版社行动的方向。孟光急忙将出版汪国真诗集的想法向出版社领导做了汇报，得到认可后，随即开始寻找汪国真，正在中国艺术研究院攻读博士学位的王鲁豫便起到了桥梁的作用。汪国真爽快地答应了这件事，随后便和学苑出版社的编辑孟光见面、签订协议，一切都进展得快速、顺利。孟光告诉汪国真，出版社十分重视这本书，作者交稿以后，他们争取一个月就完成出版。

接下来的日子里，汪国真开始为诗集忙碌起来，写诗、选诗、誊写，紧张而有序。4月20日，汪国真将齐、清、定的诗稿交付出版社。6月，汪国真的第一部诗集《年轻的潮——汪国真抒情诗选》由学苑出版社正式出版发行，由此掀起了一股猛烈的"汪国真潮"。

第一本诗集问世之前，汪国真的抒情诗都是零散发表在不同的期刊、报纸上，却已经以手抄本的形式广泛流传于青年读者之间，收集、摘录、互赠、朗诵，影响巨大。首次结集出版的《年轻的潮——汪国真抒情诗选》首印2万册，很快售罄，同年8月、11月连续两次加印，印数达7万册。此后几年不断加印，累计销售数量超过60万册。其实，诗集刚刚出版的时候，汪国真是心怀忐忑的，甚至担心首印量难以销售出去，毕竟2万册的印量打破了多年来诗集出版的最高印数。于是有一天，汪国真决定亲自去书店看一看。

那是6月的一个下午，汪国真骑着自行车来到了王府井书店。在文学读物的柜台前，他迫不及待地问："有《年轻的潮》吗？"售货员看了他一眼："是汪国真的吧？"汪国真点点头。售货员没说话，指了指柜台上面贴着的一个纸条。汪国真这才注意到，因为他刚才太急切，并没有看到那个粘贴在明显位置上的纸条，只见上面写着："汪国真诗集未到货，何时到货不详。"汪国真心想，这里可是北京数一数二的大书店，出版社怎么还没有将书送到呢？售货员看着汪国真一副不解的样子，就说："我们也不知道这个汪国真是谁啊，书来了以后一下子就卖没了，可是还有很多读者来问，问的人太多了，一个一个回答太麻烦，就挂了个纸条来解答疑问。"汪国真这才明白，并不是自己的诗集还没有销售，而是书店已经脱销了。听到这些，汪国真心满意足，笑呵呵地向售货员致意，离开了王府井书店。

几天之后，出版社的孟光找到汪国真，颇神秘地告诉他："告诉你，《年轻的潮》火了。"

汪国真笑呵呵地看着他，孟光继续说："你知道吗？前几天可吓坏我了。"

"吓坏了？"汪国真颇感意外地看着他，"是诗集卖得不好吗？"

孟光摇摇头："是卖得太好了。"

原来，《年轻的潮》一上市就迎来了销售热潮，读者蜂拥而至，许多书店很快就销售一空。但纷至沓来的读者越来越多，发现书店没有货，却难耐心中的热情，纷纷找到学苑出版社，想在出版社买汪国真的诗集。人多得超出所有人的想象，几乎把出版社包围了。出版社的工作人员并不知道这些读者是来买书的，还以为是出了什么大事，慌慌张张地报告了社领导。社领导带着编辑部主任孟光急忙跑出来应对，一了解才知道，这些读者都是来购买《年轻的潮》的。虚惊过后，出版社的工作人员喜出望外，如此火爆的购书热情他们还是第一次遇到。孟光意识到，他对汪国真的判断没有错，实践证明，这本诗集已经一炮而红了。

面对热情高涨的读者，一些书店纷纷通过学苑出版社安排了汪国真的签售活动。每一次签售活动，都会吸引来自四面八方的读者。这样火爆的场面不仅出现在北京、天津、东北等北方城市，即使是汪国真从未有过接触的上海，读者同样对诗人表现出了极大的热诚，上午两个小时的签售时间，4000多册图书一售而空。书已售光，却还有很多读者在排队。《新民晚报》记者真实地记录下了汪国真签售《年轻的潮》时的情景。

尽管细雨迷蒙，昨天一早就有无数读者在书店门口恭候，那份神情不亚于费翔和谭咏麟的崇拜者。临近9时，店门刚一打开，事先得到消息的读者涌进书店，清一色的俊男靓女，清一色的梦幻年纪，幸亏书店有经验，有意识地堵住了一些通道口，人流自然地在二楼绕上几圈，拐上几个弯，这样一条排队长龙就不费力地形成了，否则玻璃书橱非挤破几个不可。

当汪国真开始签名的时候，记者发现这条长龙总共拐了9个弯，穿过了20多根柱子，几乎把书店二楼每一个空间都填满了，有二三百米长，约有数千人。经理说，在南东书店，中国作家为读者所做的众多签名活动中，这是最热烈的一次。

1990年7月4日，汪国真的第一部诗集《年轻的潮》被《新闻出版报》列为十大畅销书之一，文艺类独此一本。《年轻的潮》的成功，还是来源于诗的本身，很多青年读者在汪国真的诗歌中找寻到了一种生活的信念和力量。诗集的第一首诗为《跨越自己》——

我们可以欺瞒别人
却无法欺瞒自己
当我们走向枝繁叶茂的五月
青春就不再是一个谜

向上的路
总是坎坷又崎岖
要永远保持最初的浪漫
真是不容易

有人悲哀
有人欣喜
当我们跨越了一座高山
也就跨越了一个真实的自己

除了激励青年人活出自我、活出精彩的《跨越自己》之外,《年轻的潮》中还蕴含许多鼓励,给予人打破迷惘的勇气。

如,寄托感恩之情的《真想》——

真想为你做点什么

因为　我总觉得所欠太多

仿佛是结满浓荫的枝柯

蔽着我一个疲惫的跋涉者

真想回报你以温暖

却不是太阳

真想回报你以雨水

我又不是云朵

真想了却的心愿不能了却

不只是遗憾　也是折磨

如，讲述爱的《多一点爱心》——

多一点爱心

少一点嫉妒

我们欠缺的那把鲜花

时光自会弥补

让我们学会爱

学会真诚地祝福

在别人快乐的微笑面前

我们的眼睛

总是清澈如水

只为自己的不幸

有时，才浮出些淡淡的云雾

或许我们会永远平凡

平凡也有宁静的风度

如，关注青年人奋斗情怀的《只要明天还在》——

只要春天还在

我就不会悲哀

纵使黑夜吞噬了一切

太阳还可以重新回来

只要生命还在

我就不会悲哀

纵使陷身茫茫沙漠

还有希望的绿洲存在

只要明天还在

我就不会悲哀

冬雪终会悄悄融化

春雷定将滚滚而来

　　这些诗随着诗集的发行走向了大江南北，进入了千家万户，影响之大超出了很多人的想象。一位女军官告诉汪国真，她在生日之际收到了8份礼物，全是他的诗集《年轻的潮》。汪国真在暨南大学读书时的一位女同学，有一天在打扫女儿房间的时候，无意中在床铺垫子下面发现了一本用报纸包了书皮的书。她心里一沉，很担心正在读中学的女儿受到不健康的书的影响，可是拿起来一看，她却意外地发现，那是一本名为《年轻的潮》的诗集，都快被翻烂了，而作者正是她的大学同学汪国真。大学时期的汪国真内敛低调，因为在《中国青年报》上发表了诗歌而小有名气，加之勤奋刻苦，同学们都觉得他会在文学领域小有成就，特别是他的诗，只不过，那时同学们觉得他很可能会在诗歌界产生影响，但没想到的是，如今，汪国真的诗已经风靡全国。

　　诗集的传播形成了一股汪国真诗的热潮。汪国真的所在单位——中国艺术研究院的收发室，原来只有一个人值班，因为汪国真的读者来信太多，只得增加到3人。来信的内容无奇不有，有畅谈感想的，有请求指正的，还有求爱的……不管来信的内容如何，汪国真都会抽出时间阅读，因为他知道，虽然只是薄薄的信笺，却饱含着读者的信任与鼓励。

　　应该说，第一本诗集的出版是水到渠成的结果，不仅使出版界收获了一本社会效益、经济效益双丰收的好书，也极大地满足了读者的渴求。不过，真正受到震撼的还是当时的诗坛，汪国真的诗集创造了当

时国内出版界诗集发行史上的最高记录。媒体有感于"汪国真热",将
1990 年称为"汪国真年"。事实上,《年轻的潮》的问世,只是开启了
"汪国真年"的辉煌,接下来,还有许多精彩将要在这一年上演……

20世纪90年代初，汪国真开始担任一些知名刊物的专栏撰稿人。图为汪国真（左一）参加《辽宁青年》杂志第二届笔会

1990年6月，汪国真第一部诗集《年轻的潮——汪国真抒情诗选》出版后，在全国范围内掀起了一股猛烈的"汪国真热"

汪国真与诗歌爱好者交流

第七章　校园里的热潮

1990 年的秋天，首都北京，刚刚开学不久的大学校园里形成了一股传阅汪国真诗集的热潮，几乎每一间宿舍都竞相传阅汪国真的诗集，清朗的读诗声充斥着校园的每一个角落。读诗热的同时，也迎来了汪国真校园讲演的热潮。许多高校团委和学生会都发出了盛情邀请。北京大学、中国人民大学、北京广播学院、北京师范学院、北京航空航天大学、北京农业大学、中国人民公安大学等数十所高校先后迎来了他们热切企盼的诗人。

走进学校里的讲演场所时，汪国真总是为同学们的热烈所感动。无论是容纳几百人的大教室或者近千人的礼堂，每到一处，活动会场都被学生们挤得满满的，不仅是过道上，就连窗台上，甚至是讲台后面都站满了人。演讲结束时，汪国真基本上是走不出去的，因为索要签名的同学太多，经常需要学生会组织两排同学拦出一条通道才能离开。

汪国真记得，他在北京师范学院举办讲座时，活动的地点最初被安排在学院内最大的阶梯教室，能容纳五百人，令组织者始料不及的是，讲座尚未开始，不仅教室中，就连楼道里都已经挤满了赶来听讲的学生，于是，组织者不得不临时将讲座地点改在了学院礼堂。

在北京科技大学，"汪国真诗歌讲座"被安排在 11 月 29 日晚上 7 点。由于海报在一天前已经张贴出去，那天中午，阶梯教室里的 500 多个座位就已经被同学们占满了。及至讲座开始前，会场中已经挤进了七八百人，数百名没有座位的同学站着听完了一个半小时的讲座。讲演结束时，同学们的热情并未停止，而是兴奋地围住汪国真，问候诗人并渴望得到诗人的签名。

有同学问："你的诗与朦胧诗的区别是什么？"

汪国真回答："区别就是我的诗不朦胧。"

有同学问："你最喜欢的格言或座右铭是什么？"

汪国真回答："我自己写的一句话，是我在《中国青年》杂志上发表的一篇文章中的一句话。这篇文章的题目叫《青年》，而我写给自己的座右铭是'为别人着想，为自己而活'。能够为别人着想，才不失为高尚；愿为自己而活，才不失活得洒脱。社会的舆论、世俗的偏见、旁人的议论，都不能左右我的个性和我选择的目标，这就是我的所谓'为自己而活'。"

有同学问："你觉得，人为什么活着？"

汪国真回答："用一句话说，那就是——不辜负生命。当然，这句话里包含的内容很多。你平平庸庸、碌碌无为是辜负生命；你悲观、绝望、沉沦，更是辜负生命；你浪费时间、消极怠工、不务正业、游手好闲、心怀怨恨、空发牢骚，都是辜负生命。一个人要不辜负生命，就必须有所作为。有所作为，是人生的最高境界。"

有同学问："你有没有想过为中国夺得诺贝尔奖？"

汪国真略一沉思："我愿为此付出努力。"

又有同学问："你写过那么多爱情诗，是不是很浪漫？"

汪国真笑了："我谈一次恋爱，可能写出十首爱情诗；有人谈十次恋爱，也许一首爱情诗都写不好。写爱情诗和谈恋爱可不是水涨船高的事啊。"

…………

讲演与交流之外，同学们没有忘记送上一份纪念，许多情真意切的礼物一直到多少年后仍为汪国真所珍藏。如北京大学学生会用大理石专门制作的纪念徽章、北京第二外国语学院同学们制作的影集、北京水利电力管理学院学生会制作的纪念挂盘，以及大学生送给他的卡片，上面写着："不是所有的梦都来得及实现，不是所有的话都来得及告诉你。"

12月12日，汪国真在北京医科大学的诗歌讲座活动之后，同学们奉上他们刻意准备的笔记本，扉页上写着："这里有北医同学对你的爱，对你的诗的爱！"内容则是北医一百多位同学的真情留言——郑毅说："自从你的诗走入我的世界，生活就从此多了一份真实。"赵新荣说："你来，清风就来。"陶继荣说："你让我活得永远年轻。"冯慧说："感谢您！是您的《跨越自己》帮助我走出了迷津。"赵贵升说："您的诗带来了春天。"……

同学们的热情是真挚的，但热烈的程度却是出乎汪国真意料的。他知道自己的诗深受学生们的欢迎，但以往更多的是透过读者的来信感受他们的热情，而今，他置身其中，汪国真说："我比较惊讶，因为我觉得我只是喜欢诗、喜欢写这种风格的诗，但人们喜欢到这种程度，说老实话，很出乎我的意料。"

不过，同学们的热情并未使汪国真内心膨胀。相反，经历过无数次退稿的失败才走向成功的汪国真，越发珍惜平凡，他深知，如果没有"平凡的魅力"，便不会有成功的收获——

　　我不会蔑视平凡，因为我是平凡中的一员。我的心上印着普通人的愿望，眼睛里印着普通人的悲欢，我所探求的也是人们都在探求着的答案。

　　是的，我平凡，但却无须以你的深沉俯视我，即便我仰视什么，要看的也不是你尊贵的容颜，而是山的雄奇、天的高远；是的，我平凡，但却无须以你的深刻轻视我，即使我聆听什么，要听的也不是你空洞的大话，而是林涛的喧响、海洋的呼喊；是的，我平凡，但却无须以你的崇高揶揄我，即便我向往什么，也永不会是你的空中楼阁，而是泥土的芬芳、晨曦的灿烂。当然，那些真挚的、熟悉的或陌生的朋友提醒或勉励我，不论说对了说错了我都会感到温暖。

　　孤芳自赏并不能代表美丽也不能说明绚烂，自以为不凡更不能象征英雄气概、立地顶天。

　　我承认，我的确很平凡。平凡得像风像水像雪……然而，平凡并非没有自豪的理由，并非没有魅力可言。

　　风很平凡，如果吹在夏天；水很平凡，如果是沙漠中的一泓清泉；雪很平凡，如果在冬日与春日之间……

　　我欣赏这样的平凡，我喜爱这样的平凡，我也想努力成为这样的平凡。

　　从汪国真诗集形成的热潮到高校中的"汪国真热"，媒体一直关注着"汪国真年"的"汪国真现象"。《中国青年报》发表了一篇名为《年轻的潮　隽永的诗——记北京高校中的汪国真诗歌热》的文章，记者在采访过程中询问中国人民大学的学生："你们为什么喜欢汪国真的诗？"人大学生回答说："我们在生活中遇到的几乎所有问题，都能在他的诗歌中找到富有审美意味并带有哲理的答案。"上海《文汇读书周报》有一个《一句话书评》的栏目，刊登了读者对《年轻的潮》的评价，其中一个读者评价说："与其说是读诗，不如说是在读自己的心声。"这些评价恰到好处地说出了汪国真的心声，他觉得，自己的诗之所以能够受到青年读者的欢迎，是因为能够与他们产生共鸣；之所以能够产生共鸣，是因为自己的诗不仅是通俗的、有哲理的，更是富含真情实感的。在汪国真看来，诗是从生活中来的，生活中有诗意的地方非常多，只是要善于捕捉、提炼以及升华。

　　《年轻的潮》中有一首诗叫作《怀想》——

　　　　我不知道

　　　　是否　还在爱你

　　　　如果爱着

　　　　为什么　会有那样一次分离

我不知道

是否　早已不再爱你

如果不爱

为什么　记忆没有随着时光

流去

回想你的笑靥

我的心　起伏难平

可恨一切

都已成为过去

只有婆娑的夜晚

一如从前　那样美丽

　　这是一首勇敢面对逝去情感的诗，青年读者们不知道的是，这首诗中藏着的正是汪国真的初恋往事。

　　故事发生在汪国真在暨南大学读书的时期。

　　那年冬天，汪国真返回北京过寒假时，在朋友的介绍下认识了她。寒假过后不久的 4 月，这个北京姑娘将要去广州旅游，朋友则希望在广州读书的汪国真能够关照人生地不熟的她。热情的汪国真欣然应允，也便有了和她在广州的重逢。

　　他和她的身影徜徉在美丽的自然风光之中，六榕寺、莲花山、浴日亭、流花湖……很多人误把他们当作情侣，而他们也在接触中有了异样的感觉。她比汪国真小四岁，是北京一家医院的护士，父母都是医院里的主任医师，可以说，和汪国真的家庭背景相近，都是知识分子家庭，也因此使两个人有了更多的共同语言。

去肇庆七星岩的那天，旅游车是在早晨 6 点钟发车，因为担心耽误了时间，汪国真竟然一晚没合眼，天刚亮就跑到招待所的门前等她。她出来时，并不知道汪国真很早就已经等在门口了，可是在车上，疲倦难耐的汪国真眼睛打架，头像鸡啄米一样，在胸前一点一点地。

她笑了，说："你困了，头靠在我的肩上睡一会儿吧！"

汪国真却有些犹豫，毕竟相对传统的家庭教育对他影响至深，怎敢贸然和一个女孩有过分的接触。她早已看出了他的犹豫，便说："你是为了陪我，没关系的。"

汪国真的头第一次靠在了一个少女的肩上，可是睡意却在此时不知为何，倏地不见了踪影。但他仍闭着眼，依偎在她的肩上。或许，此时少女的心已然有所牵挂。到达肇庆时，虽然银湖黛峰、钟乳瑰丽的七星岩美不胜收，但更多的时候，两个年轻人却忍不住时不时地看着对方。她望着他，似乎在等着他的表白，可是汪国真却说不出口。但姑娘很清楚，如果因为羞涩，很可能是一辈子的遗憾，所以就在七星岩，姑娘大胆地表白了。

两个互相吸引的年轻人确立了真挚而单纯的恋爱关系。可是很快，女孩子就要回北京了。临别前，她说："好好的，我在北京等着你。"可是，等，没有那么容易。在一个打电话都十分奢侈的年代，距离的鸿沟注定会拆开两个没有深厚感情基础的年轻人，只留下美好的初恋回忆。多少年后，才有了汪国真笔下的《怀想》。

情感的舟已在水中泛起涟漪。后来，校园里的青年读者们注意到了汪国真的另一首情诗，名叫《叠纸船的女孩》——

他长大了
认识了一个
喜欢叠纸船的女孩
那个女孩喜欢海
喜欢海岸金黄的沙滩
喜欢在黄昏里的沙滩漫步

有一天
那个女孩漫步
走进了他家的门口
晚上，妈妈问他
是不是有个女孩子来过了
他回答说
没有，没有呵

妈妈一笑
问那个纸船是谁叠的

　　读过这首诗的同学们问："那个叠纸船的女孩是不是成了你的妻子呢？"

　　汪国真却说："生活中，有许多美丽的故事，留下来的都是遗憾。"

　　留下遗憾的情感经历应该不只是叠纸船的女孩，还有汪国真刚刚工作不久、在绘画学习班上的暗恋对象——筱清。

　　1990 年 10 月的一天，汪国真走在下班回家的路上，远远地，一个骑着单车的女孩闯入他的视野。汪国真表面平静地看着女孩越来越近，内心却已经渐渐起了波澜，因为他发现，这个女孩的身影无比熟悉，竟然是 1984 年他在绘画学习班邂逅的筱清。汪国真记得，当年因为被筱清的气质所吸引，他曾把她视为情感的寄托，不过，这份情感并没有结果，听说筱清有男朋友以后，他选择了逃离，再也没有去学习班上过课，只留下一段美好的暗恋往事。不过，有时就是造化弄人，六年的时光飞逝，他竟意外地与筱清再次邂逅了。汪国真情不自禁地脱口而出："筱清。"

　　声音虽然低沉，却很有力。神色匆忙、骑车疾行的女孩即将从汪国真身边驶过的一瞬间刹住了车子，边从车上下来边转头看去，十分吃惊："汪国真，真的是你！"

　　汪国真亦喜亦惊，喜的是这个女孩果真是筱清，惊的则是她竟然能随口叫出自己的名字。他看着筱清："没想到你还记得我。"

　　筱清笑了："把你的名字忘掉可不容易。"

　　这句话令汪国真十分不解，心中充满好奇，准备探问究竟时，筱清身上的传呼机却在这时响了起来。筱清急忙拿出传呼机，看了一下，告诉汪国真："是我弟弟发来的，我母亲病了，他们在医院等着我，我要过去了。"于是，筱清给汪国真留了电话和地址，匆匆走了。汪国真站在那里，看着筱清骑着单车的背影渐渐远去，心里充满喜悦。

就在几天以后，两个久别重逢的人有了一次约会。那是在西单附近的一个咖啡屋，两个人静静地坐着，看着对方，脑海里回想着恍如昨日的六年前的相遇。汪国真忽然问："那时你好像没有特别注意过我，怎么会记住我的名字？"

筱清笑了，看着汪国真，说："你留给我的印象，肯定比我留给你的印象好。"

这样的回答让汪国真十分意外，不再掩饰自己的情感："报名时你就吸引了我，所以上课以后我总是想接近你。"

筱清低下头，又微微抬起来："其实我也注意到你在接近我，本想和你多些相互了解，可是后来你却不见了。"

汪国真似乎感受到了筱清当年的情感，却也无奈："我听说你有了男朋友，所以就退出了。"

"男朋友？"筱清十分意外地睁大了眼睛，透过她的表情，汪国真已经意识到，当年的听闻很有可能是个错误。可是，错过的是六年时光，如今的汪国真虽然事业有成，可仍然是孑然一身；但当年或许并没有男友的筱清，如今已嫁作他人妇。临别时，筱清说："你的诗歌和你会一直留在我的脑海里，刻骨铭心。"

筱清成了汪国真记忆里的背影，一次重逢，为当年的遗憾找到了答案，虽然没有恋爱的缘分，但这份记忆却为他珍藏，成为他笔下的

《六年》——

　　你没有走近我
　　却走进了我的记忆

　　我没有走近你
　　却走进了你的日记

　　六年后
　　我们才明白了彼此的心事
　　不禁庆幸　那次错过　不是结局

　　不过，在汪国真看来，面对情感，过错是一时的遗憾，而错过是永远的遗憾，为此他又写下了一首《有你的日子总是有雨》，希望青年人在美好的感情面前，要善于打开心扉，大胆地追寻自己的爱情梦想，让爱情少留一点遗憾——

　　不知是无意还是天意
　　有你的日子总是有雨
　　有雨的日子我没有带伞
　　雨水淋在脸上湿在心里

一生有许多相遇

最快乐的相遇是认识了你

一生有许多过错

最心疼的过错是失去了你

最不想让心哭泣

可又怎么面对这份伤心的故事

为什么　为什么

悲伤总是期待的结局

淡淡的忧伤

淡淡的无奈

淡淡的遗失

…………

也是在大学举办诗歌讲座的礼堂里，同学们问汪国真："你的夫人对你的创作帮助大吗？"

汪国真笑了，回答说："我的夫人对我的创作没有任何帮助——因为我还没有夫人。"

同学们先是一愣，而后会场里传来了无邪的笑声……

汪国真走进大学校园与学子交流

被青年读者包围的汪国真

汪国真曾在一首名为《怀想》的诗中写下了初恋往事

第八章　舆论之端的博弈

就在第一本诗集出版引发"汪国真诗歌热"和汪国真高校行带动的"汪国真讲演热"交织之际，汪国真的另一本重要诗集《年轻的思绪》的出版工作正在紧张地推进着。

事情的缘起也发生在 1990 年的 4 月，一天，一个人几经辗转找到了汪国真的家。

来人名叫李慕生，是山东《济宁日报》的一位编辑，因公来北京出差之际，受人嘱托，多方打听才辗转找到汪国真的家。

4 月的北京，尚在春寒的天气，但李慕生来得急切，热得满头大汗。汪国真急忙请他坐下，又倒了一杯水。

李慕生接过水杯，喝了一口水，就迫不及待讲出了原委。

原来，李慕生所在报社的编辑部里有一个年轻的女编辑，名叫王萍，自从在《青年文摘》上读到那首隽永深邃的小诗《我微笑着走向生活》，就默默地记下了作者汪国真的名字，喜欢上了他的诗。从那之后，王萍开始处处留意各类报刊上汪国真的诗作。她专门准备了一个厚厚的本子，只要读到汪国真的诗，就会用娟秀的小楷抄写在本子上，渐渐地厚厚的一个本子上已经抄满了汪国真的诗歌。对于这些抄写下来的诗歌，王萍还精心地做了编排，一共分了十个栏目。

汪国真接过李慕生递过来的手抄本，心中十分感动。走上诗歌之路的汪国真，并不乏读者的关注，经常收到各类读者的来信，他也从各种渠道获知，他的诗在青年读者中广为抄录、传播，但真正看到自己作品的手抄本，这还是第一次。汪国真仔细翻看着，感受到抄录者的认真与用心，因为那个叫王萍的读者，不仅抄录了他的诗，还给很多诗配上了插画，并且为手抄本做了目录，写了序言，如同一本真正的诗集一般，在扉页上用钢笔写了诗集的名字——《年轻的思绪》，还署了一个出版社的名称，只不过，这个出版社的名字是她虚构的，叫"梦幻出版社"。

李慕生说，王萍有一个愿望，就是希望汪国真能在这本手抄本的诗集上签上名字。

汪国真已经为这个年轻读者的纯真与执着所打动，拿起笔，在那本特殊的手抄本诗集的扉页上签上了自己的名字。李慕生离开时，汪国真还特意找出一盘黑龙江人民广播电台为他的诗所做的专题节目的磁带，请他转赠王萍。

这件事深深地印刻在了汪国真的脑海里。1990 年 6 月，随着他的第一本诗集《年轻的潮》出版并随之引发销售热潮后，众多出版社纷至沓来，商谈出版他的诗集。此时，汪国真所在单位中国艺术研究院下属的文化艺术出版社也找到了他，希望出版他的下一本诗集。尽管写作速度快、产量高，但汪国真对诗集的出版始终怀着敬畏之心，因此，面对众多出版社的邀约，汪国真并没有重产量而忽视诗歌的质量，相反，对诗歌的创作更加严谨、用心，一本诗集的稿件一定是需要很长时间的准备，不可能满足所有出版社的稿约。面对文化艺术出版社的出版之约，汪国真忽然想到了一个很好的选题，就是王萍的那本特殊的手抄本诗集。

文化艺术出版社综合编辑室主任许廷钧听了汪国真对王萍抄录整理《年轻的思绪》的介绍，感叹不已，随即向出版社领导建议出版这本手抄本诗集。就这样，出版计划被确定下来。1990 年 8 月，汪国真的第二本诗集《年轻的思绪——汪国真抒情诗抄》正式出版，首印数达到 4 万册，超过《年轻的潮》，再次打破数年来国内个人诗集的首印数纪录。手抄本诗集内的所有内容，包括最初王萍写下的序都保留在了书中，署名则为：汪国真著，王萍编。可以说，这本饱含着作为读者的王萍深深情感的诗集的出版，不仅在汪国真的创作履历上增添了一本举足轻重的著作，也圆了一个读者对汪国真诗歌的痴迷之梦。

当读者捧读着《年轻的思绪》时，很多熟悉的诗呈现在眼前。

有诗人笔下简单又深远的《背影》——

背影

总是很简单

简单

是一种风景

背影

总是很年轻

年轻

是一种清明

背影

总是很含蓄

含蓄

是一种魅力

背影

总是很孤零

孤零

更让人记得清

有诗人笔下赞颂平凡却不平庸的《也许》——

也许，永远没有那一天

前程如朝霞般绚烂

也许，永远没有那一天

成功如灯火般辉煌

也许，只能是这样

攀援却达不到峰顶

也许，只能是这样

奔流却掀不起波浪

也许，我们能给予你的
只有一颗
饱经沧桑的心
和满脸风霜

有诗人笔下抒写美丽心灵的《我不期望回报》——

给予你了
我便不期望回报
如果付出
就是为了
有一天索取
那么，我将变得多么渺小

如果，你是湖水
我乐意是堤岸环绕
如果，你是山岭
我乐意是装点你姿容的青草

人，不一定能使自己伟大

但一定可以

使自己崇高

有诗人笔下所赞同的《豪放是一种美德》——

我从眼睛里

读懂了你

你从话语里

弄清了我

含蓄是一种性格

豪放是一种美德

别对我说

只有眼睛才是

心灵的真正折射

如果没有语言

我们在孤寂中

收获的只能是沉默

…………

《年轻的思绪》的出版，再次引来了"汪国真热"。1990 年 10 月广州花城出版社出版了汪国真的第三本诗集《年轻的风》。之后，这种以汪国真为核心形成的诗集出版、诗歌讲座等形式所产生的轰动效应，成为 20 世纪 90 年代著名的"诗歌文化事件"，影响了那一代的年轻人，被媒体称为"汪国真现象"。

然而，大江南北的青年读者竞相传诵汪国真的诗的同时，作为诗的作者，汪国真却意外地迎来了批评的浪潮。一边是火，来自读者；一边是冰，来自诗坛与评论界。

有评论者批评汪国真的诗太过直白，说："好诗应该是有意境的，但汪国真很多诗是没什么意境的。"

汪国真回答说："实际上，不是好诗都是有意境的。比如说，'生命诚可贵，爱情价更高，若为自由故，两者皆可抛。'这是人人皆知的一首诗。它是不是好诗？是好诗。它有什么意境吗？没有什么意境，但是仍然是好诗。所以我觉得文学评论不能教条地生搬硬套，很多时候不是这样的。"

有评论者批评汪国真的诗肤浅，说："汪国真的诗歌实际上是把千百年来的各种至理名言，以押韵分行的形式比较浅白地表达出来，是一种思想的快餐、哲理的炒卖。"

汪国真回答说："我觉得，如果我按照他们认为是深刻的、是深沉的、是永久的那种方式去写诗，恰恰我不可能脱颖而出。因为事实证明他们没有写出来，而我写出来了。而且有一句话叫'事实胜于雄辩'，最权威的评论，不是某一个人或某几个人，而是经得起时间与读者的检验。"

更有甚者，把讽刺汪国真的诗作为口头语，说："怎么写得跟汪国真似的。"

汪国真一笑，说："我的希望是，他们能拿出优秀的诗歌来把我的诗灭掉。"

汪国真在北京大学举行诗歌讲座时，与莘莘学子的热情相对，会场也出现了些许质疑的声音。讲演正在进行时，一张提问的纸条从后排传到前排，再由一个扎着辫子的女大学生递到汪国真手里。汪国真展开纸条一看，上面写着："有评论说，中学生随便写在笔记本上的诗都比你的诗强，对此，你有何评论？"

汪国真笑了，回答说："不知道是他的某一首诗写得比我强呢，还是所有的诗都比我的强；即便是所有的诗都比我写得好，也没有什么值得奇怪的，因为中国有一句老话：自古英雄出少年。"

汪国真的回答换来了同学们热烈的掌声……

面对诗坛和评论界的否定与讥讽，汪国真的内心十分感慨，透过他的诗作，可以感受到他在面对否定时的思考：《倘若才华得不到承认》——

　　　　倘若才华得不到承认
　　　　与其诅咒　不如坚忍
　　　　在坚忍中积蓄力量
　　　　默默耕耘

　　　　诅咒　无济于事

只能让原来的光芒暗淡

在变得暗淡的光芒中

沦丧的更有　大树的精神

飘来的是云

飘去的也是云

既然今天

没人识得星星一颗

那么明日

何妨做　皓月一轮

　　当然，对汪国真诗作的讥评是存在争议的，很多人觉得，诗坛和评论者之所以对汪国真发出否定的声音，是因为大多数诗人的作品都处于无人问津、自得其乐的境地，而汪国真与他们的境况形成鲜明对比，拥有无以计数的拥趸，一旦肯定了他便意味着否定了自己，而只有攻击他，才可能挽回点那些诗人已因为作品的窘境而丢失殆尽的颜面。这种观点的正确与否暂且不说，对于汪国真的诗，除了青年读者的热烈追捧，正面评价的声音也不绝于耳。《中国青年报》《工人日报》《文艺报》《中国文化报》《中国日报》《新闻出版报》《北京日报》《北京晚报》《北京青年报》《时代青年》《博览群书》《黄金时代》《辽宁青年》《这一代》《女友》等国内报刊，及香港《大公报》、菲律宾《世界日报》、泰国《新中原报》等先后撰文介绍汪国真并评述他的诗。新华社

《瞭望》杂志在一篇《与当代青年共鸣》的文章中，认为汪国真的诗是与时代的共鸣。人民日报出版社推出的《年轻的风采——专访汪国真》、华侨出版社推出的《汪国真风潮》、国际文化出版公司推出的《年轻的潇洒——与汪国真对白》、中国友谊出版公司推出的《汪国真其人其诗》、青海人民出版社推出的《论汪国真的诗》、延边大学出版社推出的《汪国真——年轻的诗与思》等16本评介性的书，认为汪国真的诗含有青春年华所具有的激情，有利于青年人的成长。

在《中国当代诗歌的新开拓——对汪国真诗歌现象的反思》一文中，作者赵捷以《抒情诗的回归》为子标题，准确、深刻地剖析了汪国真的成功——

　　70年代末到80年代初，当朦胧诗以它全新的姿态走向诗坛时，也曾在一部分读者中引起了一时轰动。然而，朦胧诗在读者中引起的反响，远不如某些评论家对它的夸捧之臣。固然，反对朦胧诗的人也大有人在，但是，对此赞赏和喝彩的呼声，还是远远地盖过了其他声音。支持朦胧诗，就是支持"新的美学原则的崛起"，肯定朦胧诗，就是肯定朦胧诗是"中国诗歌发展的唯一方向"。继朦胧诗之后，诗坛上出现了一个山头林立、各种"新潮"和主义纵横的时代。第三代诗人、第四代诗人、第五代诗人，相继崛起。诗歌的多元化格局令人眼花缭乱。与此相呼应，则是各种诗歌理论的标新立异。其中，以现代派自诩的诗歌界评论权威，则高高举起了"感觉至上"的大旗，从而与传统的诗歌理论分庭抗礼。一位朦胧诗人公开宣称：诗歌表现抒情的时代已经过时，应该用超现实主义的手法，赋予它全新的内容。

在他们的大力倡导下，几乎所有的诗歌流派，都成了朦胧诗余波荡漾后的副产品，一时间诗人写感觉、玩意象成了时髦。即使是朦胧诗人，也被自己的理论所陶醉，他们沿着这条路越走越远。有的诗人，甚至不惜放弃自身固有的特色，也去随波逐浪。这股流弊所及，遂将不少颇有才华的年轻诗人，也变成了制作"感觉"的机器。

一些诗人倒了自己的胃口，还要倒读者的胃口，但读者是不买账的。他们宁愿去看看纪实文学和富有人情味的小说，也不愿涉足诗坛一步了。出版社不愿出版诗集，因为，即使诗集出版后，也很少有人问津。对于赔钱货，出版社当然有权拒绝。

也就是在这样的时候，汪国真的诗歌赢得了广大读者的喜爱。他的诗不媚流俗，不趋时尚，质朴自然，清丽秀美，而且明白如话。所以，他的诗集一出版便立刻成了广大爱好者的抢手货。许多读者都发出了这样的感叹，朦胧诗读不懂，而汪国真的诗一读就懂。诗人想说的，也是我们心里想说的。

诗坛和评论界的否定与媒体的肯定相互交织，汪国真成了舆论的焦点，然而，汪国真的诗歌究竟是不是好诗歌，似乎读者才能给出最有力的答案。在数不胜数的读者来信中，我们摘取点滴，不难从中感受到读者对诗人的喜爱、感激与崇拜之情，这些为汪国真的诗作提供了最完美的注脚。

读者魏琳在信中说："有一天，我被一首题为《热爱生命》的诗所吸引了，很久没有什么诗吸引我了。看了看作者：汪国真；又有一天，一首《怀想》死死地牵住了我的目光，竟隐隐地感动了，泪，也不知不觉地溜出了眼眶，落在了诗上，又看了看作者：汪国真。"

读者徐红春在信中说："也许是由于年龄的关系，作为17岁的女学生，特别爱看你的诗，喜欢你的诗的恬淡、平和、美好，也喜欢里面坚定的信念、不变的爱心……文如其人，你为人是不是也很坚强，很执着？"

读者维玲在信中说："您可能不了解，您的诗给了一个女孩子怎样一份力量，在她徘徊、苦恼时，是您的诗如航灯一般指引了她正确的人生道路及人生观！使她没有消沉下去，而是站了起来，面对现实，面对未来！"

读者林漓在信中说："四年前，朦胧诗对我产生了不小的诱惑，也曾为它的到来而欣喜异常。北岛的《红帆船》、舒婷的《致橡树》、顾城的《赠别》等也曾像一颗石子投入我的心海，泛起阵阵涟漪。只可惜，没有一年的光景，我就背叛了人家，见了'人家'连'招呼'也不打了。我也搞不清楚是谁的过错。那一阵子，课余常常泡在图书馆里，想重新找回那份欣喜、那份异常，但找了好久，我终于带着内心重重的失落和一身的疲惫走出了图书馆。别人问我：'你喜欢什么？'我仍然说：'文学，尤其是诗。'别人又问：'最近看了什么好诗？'这一问，问得我哑口无言！是啊，我'最近看了什么好诗'？我也在问自己，问了许久许久……四年之后的今天，我忽然看到了这样三个普普通通的汉字的组合：汪——国——真。我万万没有想到，就是这三个字竟轻而易举地闯进了我的视野，走进了我的心灵，重新唤起我对诗歌的情感。久违了，诗坛！久违了。"

…………

汪国真是个低调内敛的人："有些人，到了我的位置上，是最得意的时候。而我却有一种危机感。人应该谨慎。若是目标高的话，他就不会傲慢。一个人如果深刻地了解社会、认识世界，他就不会狂妄；一个人若是深刻地认识自己，他就不敢狂妄。对于那些狂妄的人，从近处说，会限制个人的发展；从远处说，会断送自己的前程。"汪国真喜欢他的诗广为传诵，却不习惯成为舆论的焦点。然而，读者的喜欢和诗坛、舆论界的批评都不是他所能控制的。对于他的诗，肯定与否定的博弈正在角力，汪国真觉得，读者的肯定才是最准确的答案。与此同时，汪国真在一篇名为《读文学史一得》的文章中，谈到了他对于好诗歌的标准的理解：

如果一个个孤立看，诗人们尽多不同。如果"串"起来看，我们可以发现，他们有以下几点基本是相同的：第一，表现上通俗易懂；第二，情感上引发广泛共鸣；第三，内容上蕴涵丰富。我们不妨举例来说明：

"海内存知己，天涯若比邻。"（初唐王勃）

"慈母手中线，游子身上衣，临行密密缝，意恐迟迟归。"（中

唐孟郊）

"身无彩凤双飞翼，心有灵犀一点通。"（晚唐李商隐）

王勃、孟郊、李商隐生活的年代不同，诗风不同，但从这些脍炙人口的诗歌中，我们可以看到，他们确都具有通俗易懂、引发广泛共鸣、内蕴丰厚的特点，这样，我们大致就找出了一个带有规律性的东西。探寻这样一个规律的重要意义在于：如果说过去的诗歌大凡具备以上三个特点，便基本能得以传播并流传，那么今天的作品，是不是依然也是这样呢？

读者中间的青年诗人汪国真

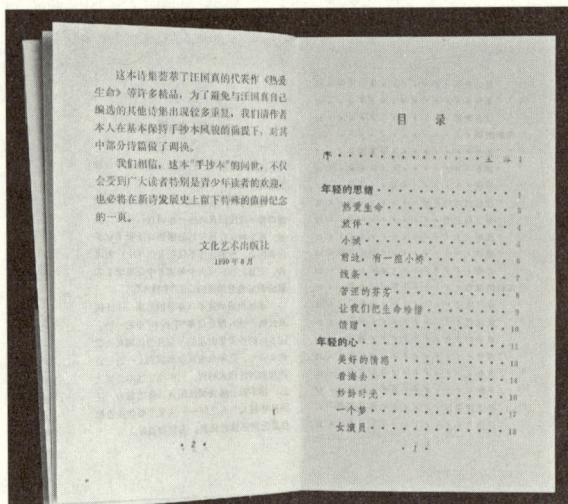

1990 年 8 月，汪国真的第二本诗集《年轻的思绪——汪国真抒情诗抄》正式出版。图为诗集内页

无数封来信寄托了读者对诗人的喜爱、感激与崇拜

第九章　走进中南海

成名就在转眼之间。

读者的喜爱、媒体的关注，使汪国真变得忙忙碌碌，但从小的家庭教育告诉他，面对成功，更要冷静踏实。他感到自己是幸运的，虽然也曾经历过面对困难时的挣扎与坚守，也曾有过失败的痛苦与挫败感，但与大多数诗人相比，他的成功来得无比迅猛。只要有华人的地方，就有汪国真的诗，这是何等的荣耀与成就。不过，与成功一同到来的，是来自诗坛与评论界否定的声音，有人说他是"伪诗人""肤浅的诗坛流行歌手"，有人批他的诗是"肤浅而单薄"的"格言体"，只是"警句集成"和"心灵鸡汤"。这真是意想不到的两个极端，一端是读者前所未有的热情和无比广泛的传播，另一端是诗坛与评论界的嗤之以鼻与极尽挖苦的评价。面对这些，汪国真淡淡地笑了。白话新诗的诞生，原本就是为了便于大众接受。在他的心里，读者的认可胜过一切，而他之所以能够获得读者的认可，是因为他在创作中没有盲目跟随20世纪的诗歌追求沉重与严肃的主流，而是坚持了自我，由心出发，将情感和想象用温暖的语言表达出来，由此触动了无数读者内心最柔软的地方。

汪国真相信自己的实力，也感谢所获得的运气，并为之写下一首

《祝你好运》——

> 还没有走完春天
> 却已感觉春色易老
> 时光湍湍流淌
> 岂甘命运　有如蒿草
>
> 缤纷的色彩　使大脑晕眩
> 淡泊的生活　或许是剂良药
> 人，不该甘于清贫
> 可又怎能没有一点清高
> 枯萎的品格
> 会把一切葬送掉
>
> 祝你好运
> 愿你的心灵
> 和运气一样好

1991 年 2 月，就在"汪国真热"依旧持续的时候，汪国真参加了一次极为特殊的活动。

那是 2 月底的一天下午，汪国真刚刚下班，骑着自行车回家。就在快到家门口的时候，腰间的传呼机忽然响了起来。汪国真急忙停了下来，拿出传呼机一看，是单位的电话号码。

"会有什么急事吗？"汪国真心想。他刚刚离开单位，工作都已经处理完。中国艺术研究院是文化单位，一般情况下很少有特殊的紧急情况，这还是第一次他刚刚下班就被传呼。带着不解，汪国真在附近找了一个公用电话，急忙拨打过去。接电话的正是汪国真的同事，他告诉汪国真说："国真，我们刚刚收到一封给你的信，你能回来拿一趟吗？"

汪国真一听，心里的石头落了地，心想，原来不是出了什么大事，只是一封信。一封信早一点迟一点取又有什么关系呢？于是，他便回答说："那我就明天上班时去取吧。"

同事听了，却说："国真，刚才院领导叮嘱了，如果你不方便回来，就由单位派车给你送过去。"

"啊？"汪国真这才感到这封信的非比寻常，心中也充满了好奇，问："这封信是哪里寄来的，怎么这么重要？"

同事却不肯说出原委，只是说："这就不在电话里说了，你看到了就明白了。快告诉我，你已经到家了吧，我马上就安排车送过去。"

汪国真想了想，骨子里不想麻烦人的他急忙说："不给你们添麻烦了，我骑车过去也方便，现在就回去取。"

"那我就在办公室等着你啊。"同事说。

放下电话，心里带着一大堆疑问，汪国真调转车头向单位飞驰而去。

走进单位的时候，汪国真马上感觉到了异样的氛围，因为包括单位领导在内的很多同事都等在那里。他一走进来，便被围在中间，一位同事颇为神秘地递过来一封信。汪国真不解地看着大家，伸手接过那封信，仔细一看，这才发现非同一般，只见封面上大大的几个字写着"汪国真"，落款则是"中共中央办公厅"，角落处还特意标着"务必今日送达，本人亲自开启"的提示语。原来这是一封来自中共中央办公厅的信函，在大家企盼的目光中，汪国真撕开了信封的封口，从里面拿出一张散发着淡淡书香的信笺。

那是一张请柬，邀请汪国真作为代表参加 3 月 1 日下午在中南海怀仁堂举办的江泽民总书记与文艺界知名人士座谈会。此刻，在场的同事都情不自禁地鼓起掌来，因为他们不仅第一次见到来自中共中央办公厅的邀请函，而且，他们很清楚，能够参加中央领导与文艺界知名人士座谈会，不仅对汪国真本人还是对他所在的单位，都是一份莫大的荣誉。

在大家的掌声中，汪国真却有些不好意思，只是说："我按时参加、按时参加……"

单位领导忽然想起了什么，说："国真，你去中南海，怎么去啊？"

汪国真一愣："我平时都是骑车上班，去中南海，也骑自行车去吧。"

领导想了想，又摇了摇头："这进中南海，哪还有骑自行车的呢？能够参加这样的会议，那也是单位的荣誉，这样吧，由单位安排一辆车送你去吧。"

汪国真听了，骨子里不想给别人添麻烦的性格又起了作用，急忙摇着头回答说："那太麻烦了，不仅辛苦同事，而且还要提前在中南海备案，我看，我就本色参会，平时是骑自行车的，到时我还是骑自行车去。"

尽管大家劝说汪国真坐单位的轿车"排场"一次，可是终究拗不过他。到了 3 月 1 日，汪国真骑上他那辆再普通不过的自行车上了路，直奔中南海而去。在国人心中，中南海是个神秘而神圣的地方，这是中华人民共和国国务院、中共中央书记处和中共中央办公厅等中央国家机关的办公所在地，也是中华人民共和国最高领导人的居住地。一路上，汪国真一边骑着车呼吸着新鲜空气，一边对即将参加的活动充满期待。

来到中南海新华门时，远远就望见守卫的武警和工作人员。汪国真下了自行车，推着车走了过去。守卫人员早已注意到了他，看着他向大门走来，有人拦住了他："你有什么事？"

汪国真急忙回答："我是来参加活动的。"

询问的人员这才把他引领到新华门前进行查验的岗位。汪国真将手中的请柬递了过去，工作人员接过后认真地看了看，又看了看汪国真，才放他进去，并给他指明了怀仁堂的方向。

汪国真点头致谢，推着自行车走进了新华门。中南海的内部世界倏地映入了眼帘。虽然生活在北京，对中南海这个名称并不陌生，可是走进中南海，这还是第一次。红墙、树木、湖水，相映成趣，恬淡而清幽。汪国真站在新华门内侧，抬头望着，只看见远处一些地方停着几辆轿车，根本看不到自行车。他看了看自己推着的自行车，心里犯着嘀咕：这里没有人骑自行车，如果自己骑着过去，是不是有些不礼貌，万一被警卫人员叫住，那多尴尬；当时的北京尚是春寒天气，如果不骑过去，推过去的路程还很远，一路上可是够冷的。反复斟酌，汪国真忽然有了主意：他要"滑"过去。

骑过自行车的人肯定知道"滑"过去的含义，用手推着车，一只脚放在踏板上，另一只脚借助踏着地面的推力，让自行车在地面上快速滑行，速度比推着要快很多，即使遇到紧急情况，也很容易快速停下来。汪国真觉得这个方法最好，既没有了推着走的劳累，而且即使遇到被警卫人员喊停的情况也可以随时停下来。于是，汪国真一边"滑"着自行车，一边欣赏着沿途的风景，向怀仁堂方向一路骑去。

到了怀仁堂门口，汪国真又犯难了。他站在那里左顾右盼，只看得到停着的几辆汽车，根本看不到一辆自行车，如果把自行车停在门口，是不是太突兀了？于是，汪国真走到一个角落处，才放心地把自行车停下来。停下车，他便下意识地准备锁车。这个在日常生活中再正常不过的举动，却在此时诗人的脑海里变得很有趣，汪国真心想："这里可是中南海，如果在中南海里还要锁上车，是不是在'侮辱'这里的安全工作啊？"想到这里，汪国真不禁笑了，车也不锁了，笑呵呵地向怀仁堂的大门走去。

走进怀仁堂，在服务台，汪国真将大衣递给了服务员。服务员接过，笑呵呵地说："我认得您，您是诗人汪老师。"

汪国真笑了，点点头，走向大厅。大厅里整齐地摆放着桌椅，已经有些人坐在里面，都是一些文化艺术界中耳熟能详的名人。汪国真选择了一个角落的位置，坐了下来，静静等待会议的开始。

3点钟，座谈会准时开始了。当江泽民总书记走进会场时，全场响起了热烈的掌声。汪国真无比激动，这是第一次受到中央领导的接见，心中升腾起强烈的荣誉感。他环视会场，与会的嘉宾中，他应该是比较年轻的一个，不禁暗自告诫自己，要努力，不辜负众人的期望。此时，江泽民总书记在掌声中落座，也示意大家坐下。参会的嘉宾虽然都是文艺界的知名人士，但很可能彼此间是"只闻其名"，因此，江总书记决定做一次点名，他可以认识一下每个人，也可以让到场的嘉宾们相互熟悉一下，江总书记还特意说："点到名的不需要站起来，举手示意一下就可以。"终于，点到了汪国真的名字，内心激动的汪国真急忙站了起来，微笑着向总书记示意。然而，令汪国真没有想到的是，总书记竟然知道他这个初登诗坛的年轻人，只见总书记颔首微笑，点头自语："噢，青年诗人，我知道！"

坐下时，汪国真已经心潮澎湃，总书记知道自己是个诗人啊，这无疑给了他莫大的鼓励，曾经遭遇过不断退稿的曲折，曾经面对讥评时的困惑，都在此时烟消云散。一首名为《我喜欢出发》的短文，恰到好处地反映了他此时的心境——

我喜欢出发。

只是到达了的地方，都属于昨天。哪怕那山再清，那水再秀，那风再温柔。太深的流连便成了一种羁绊，绊住的不仅有双脚，还有未来。

怎么能不喜欢出发呢？没见过大山的巍峨，真是遗憾；见了大山的巍峨没见过大海的浩瀚，仍然遗憾；见了大海的浩瀚没见过大漠的广袤，依旧遗憾；见了大漠的广袤没见过森林的神秘，还是遗憾。世界上有不绝的风景，我有不老的心情。

我自然知道，大山有坎坷，大海有浪涛，大漠有风沙，森林有猛兽。即便这样，我依然喜欢。

打破生活的平静便是另一番景致，一种属于年轻的景致。真庆幸，我还没有老。即便真老了又怎么样，不是有句话叫老当益壮吗？

于是，我还想从大山那里学习深刻，我还想从大海那里学习勇敢，我还想从大漠那里学习沉着，我还想从森林那里学习机敏。我想学着品味一种缤纷的人生。

人能走多远？这话不是要问两脚而是要问志向；人能攀多高？这事不是要问双手而是要问意志。于是，我想用青春的热血给自己树起一个高远的目标。不仅是为了争取一种光荣，更是为了追求一种境界。目标实现了，便是光荣；目标实现不了，人生也会因这一路风雨跋涉变得丰富而充实；在我看来，这就是不虚此生。

是的，我喜欢出发，愿你也喜欢。

那是一次终生难忘的座谈会，汪国真认真聆听着中央最高领导人对有关文艺工作的重要讲话，受益匪浅。座谈会适逢元宵佳节，在这个团圆的节日，自然少不了吃汤圆，汪国真记得，他在那天不仅吃了汤圆，还喝了不少水。原来，为参会领导和文艺界人士服务的服务员们早已认出了当时红遍全国的青年诗人汪国真，一个女服务员在给汪国真斟水时，掩饰不住内心的喜悦，却又怕违反纪律，所以只是小声说了一句："我读过您的诗，我们都很喜欢！"汪国真连忙报以微笑，可是没想到的是，陆陆续续来了几个服务员，只要他的水杯里的水不是满的，就会马上给他倒满，虽然不是每个人都说出对他的诗的喜爱，可是都会刻意地向他微笑。无论是频繁加水，还是服务员那异常灿烂的笑容，都是其他嘉宾没有的"礼遇"，虽然那天下午因为喝多了水总是要去厕所，可是汪国真心里很高兴，因为他印证了一件事，就是他的诗不只是受到在校学生的喜爱，即使是在中南海的高墙内，也有喜爱他的读者。

　　时间过得飞快，虽然现场热烈的气氛令汪国真感到痴迷，可是随着时间的流逝，他却有些坐不住了。原来，这次中央领导与文艺界知名人士的座谈会是在会前几天才通知到他的，在此之前，因为还不知道这次座谈会的安排，所以汪国真刚好确定了一项安排，参加中央人民广播电台一档节目的录制，时间是 3 月 1 日晚 7 点。他最初以为下午 3 点召开的座谈会应该会在 5 点钟结束，但已经过了 6 点还没结束，他惦念着节目的录制时间，担心赶不过去会给电台造成影响，可是这样的会议哪有提前离开的道理，正在忐忑时，会议结束了。于是，汪国真在服务台拿回大衣后，急忙跑出门，找到那辆停在门外角落里没有锁的自行车，飞也似的骑了出去。

　　汪国真赶到中央人民广播电台时，恰好是录制刚刚开始的时间。对于以守信为原则的汪国真来说，没有耽误电台的节目，这对他来说十分重要，所以他松了一口气。可是，回想起自己刚刚急匆匆离开中南海时的样子，汪国真不禁笑了，他猜想，像他这样骑着自行车去参会又飞也似的骑出中南海的嘉宾，应该没有第二个，不过，这就是生活中最真实的汪国真：简单纯粹，怕给别人添麻烦，又害怕失信。

　　真实的人，才有真诚的诗，诗人才会写下《闪光的生命不易老》——

裂变的情感

仿佛夏日隔夜的盛宴

味道已变

样子也不再好看

既然已准备倒掉

又何必留恋

珍惜生活

努力活得像星星一样璀璨

闪光的生命不易老

它总是那么光彩

灿烂在岁岁年年

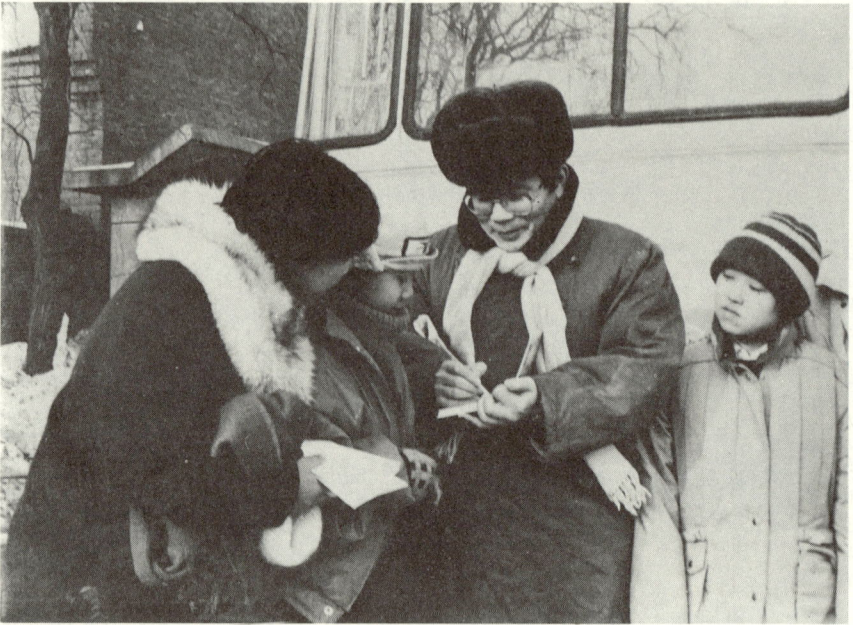

汪国真在诗集上为读者签名

第十章　艺术并不是独角戏

　　成名以后的汪国真，每天都会收到来自全国各地的读者来信，少则几十封，多则上百封。1990 年 11 月的一天，汪国真收到了一封十分特殊的来信。

　　汪国真同志：

　　　　在很多报刊上读到你的诗，很喜欢。早就想和你联系，只是不知道你的通信地址。后来在一家报纸上得知你在中国艺术研究院工作，所以迟至今天才写出这封信，希望能得到你的诗集。我想，我们是可以合作的。

　　信函的下方，写着一串电话号码，还有一个耳熟能详的名字：谷建芬。

　　读完这封特殊的读者来信，汪国真颇感意外。对于谷建芬的名字，汪国真心中十分熟悉。他知道，谷建芬是中央歌舞团的作曲家，早在 80 年代初，她的一系列作品就深受听众的喜欢。无论是《年轻的朋友来相会》，还是《绿叶对根的情意》，抑或是《烛光里的妈妈》，再或是

《今天是你的生日——中国》……一直以来，谷建芬创作了很多脍炙人口的作品，广为流传，是一位全国知名的作曲家。能接到她的来信，让汪国真非常意外，而她信中谈及合作的意愿，则令汪国真兴奋不已。要知道，作为全国著名的作曲家，渴望和她合作的词作者数不胜数，而她竟然主动抛来"橄榄枝"，对于不仅喜欢诗也喜欢音乐的汪国真来说，可谓可遇而不可求的难得机缘。

　　说起汪国真对音乐的喜欢，其实，已经由来已久。小时候，家庭收音机里播放的音乐节目，总是能吸引汪国真的注意。不同风格的音乐，经常会带着他容身于韵味各异的意境，心情十分美好。至于音乐与诗歌的关系，汪国真自然十分清楚。他已烂熟于心的《诗经》便是中国历史上第一部诗歌总集，《风》《雅》《颂》三部分305篇文章，或是不同地区的民歌，或是祭祀鬼神、赞美治者功德的乐曲，完美诠释了诗歌与音乐的密切关联。在汪国真看来，艺术并不是独角戏，如果能为自己的诗歌插上音乐的翅膀，那该是一件多么美好的事！想到这些，再看看著名作曲家谷建芬给自己发来的信函，汪国真兴奋不已，急忙在书架上拿出自己刚刚出版的两本诗集《年轻的潮》和《年轻的思绪》，分别在扉页上写上赠言，并郑重地签上自己的名字，再用信封包裹好，然后带着它们飞也似的去了邮局，给谷建芬老师寄去了这两本书，仿佛也寄去了他的希望。

　　诗集寄出后的几天时间里，因为来自大学院校的邀请需要不断前往高校举办讲座，但繁忙并未令汪国真忘记谷建芬老师那封简短却真诚的来信，内心时常对未来的合作充满期待。他计算着时间，想象着谷老师哪天会收到诗集，又可能会在哪天读完了诗集。于是，一周后，汪国真忍不住拨通了作曲家的电话："喂，请问是谷建芬老师吗？"

电话那头传来谷建芬的声音："我是，请问你是哪一位？"

汪国真急忙自我介绍说："谷老师您好，我是汪国真。"

就这样，一位是闻名全国的作曲家，一位是风头正劲的当红诗人，因为创作牵起了手。谷建芬带着半开玩笑的口气说："你的诗写得那么好，我很早就注意到了，还以为你是台湾的诗人呢！"不过，作曲家眼中的好诗很快就会与她笔下的旋律结合，以歌曲的形式走向大众，这也是汪国真充满期待的。

期待很快成为现实，谷建芬在汪国真的诗歌中选择了近十首诗，分别谱了曲，将诗歌转化为歌词，为诗插上了音乐的翅膀，以歌曲的形式广为传唱。其中，就有一首《如果》——

> 如果你是大河
> 何必在乎别人
> 把你说成小溪
>
> 如果你是峰峦
> 何必在乎别人
> 把你当成平地
>
> 如果你是春天

何必为一瓣花朵的
凋零叹息

如果你是种子
何必为还没有
结出果实着急

如果你就是你
那就静静微笑
沉默不语

　　在这首《如果》中，汪国真表达了积极向上的人生态度，如果一个人被别人低估了能力或是遇到了挫折，那不妨就装作"若无其事"，不必担心别人或嘲笑或讥讽的目光，做好自己，努力前行……这样的意境何尝不是汪国真曾经的遭遇？对于年轻人，这种遭遇何尝不是正在或即将面对的境况。一首《如果》，深入了无数读者的内心，又给他们带来奋进的勇气。谷建芬也为诗歌的意境所动，音乐的曲调恰到好处地烘托出了诗歌的主旨，动听且隽永。

　　可以说，与谷建芬的合作，为汪国真打开了一扇窗，他一直觉得艺术不是独角戏，于是便开始尝试诗歌与音乐的结合。不久后，汪国真抒情诗系列歌曲的录制工作就拉开了帷幕，由青年歌手杭宏演唱了以汪国真的抒情诗为歌词的十余首歌曲。杭宏的名字也为很多人所熟悉。1988

年，杭宏在第三届全国青年歌手电视大奖赛的舞台上，因为出色的表现脱颖而出，成为观众熟悉的青年歌手，此后多次登上中央电视台春节联欢晚会的舞台，受到越来越多观众的喜爱。她的演唱风格深情而委婉，富有清妙之感，与汪国真诗歌的意境异曲同工，于是，一盘杭宏的个人演唱专辑《青春时节——汪国真抒情诗系列歌曲之一》音乐盒带的制作发行，也就在情理之中付诸了实施。

1991 年 2 月，杭宏演唱的《青春时节——汪国真抒情诗系列歌曲之一》音乐盒带正式出版发行，收录了《只要彼此爱过一次》《是否》《我并不孤独》《生命之爱》《青春时节》《只要明天还在》《不能失去的平凡》《让我们把生命珍惜》《分手以后》《认识你真好》《过去》《小雨不停地下》共 12 首歌曲。《青春时节》的推出，适逢汪国真诗歌热风靡全国之际，歌曲盒带为熟悉汪国真的读者带来了全新的体验形式，销售一路看涨，出版当月便进入歌曲盒带的销售榜。可以说，《青春时节》蕴含着汪国真对青春的感悟，那纯洁、充满魅力、让人留恋的青春，在诗人的笔下已化作努力追求的激情。透过杭宏深情的演唱，读者再次触碰到了汪国真诗歌的美妙意境。

《青春时节》中的《生命之爱》让读者与听者感受到了爱的执着——

> 我渴望走进
> 你的生活里去
> 不是为了

　　破译秘密

　　面对变幻无穷的季节

　　谁能奢望　一览无余

　　我将用整个生命爱你

　　却也会始终属于自己

　　回首我们相处的日子

　　你会发现

　　只有秋天留下的些许痕迹

　《青春时节》中的《我并不孤独》给予了读者与听者前进的生机与
希望——

　　我并不孤独

　　有忧伤为我祝福

　　走在梦一般的大森林里

　　我迷了路

　　眼前是一片轻柔的薄雾

　　阳光透过茂密的树枝

　　心弹响金色的鼓

　　哪里是我回家的小径

问枝头的小鸟

也问脚下的泥土

《青春时节》中的《不能失去的平凡》让平凡的读者与听者感受到
了平凡的力量——

总有许多梦不能圆

在心中留下深深的遗憾

当喜鹊落在别人的枝头

那也该是我们深深的祝愿

是欢乐就与友人共享

是痛苦就独自默默承担

任愁云飘上安静的脸庞

人心永远向着善

生命可以没有灿烂

不能失去的是平凡

这盘以汪国真诗歌为基础演唱的音乐盒带《青春时节——汪国真抒
情诗系列歌曲之一》深受欢迎，最终在《中国青年报》月度十佳优秀
畅销磁带的评选中闯入前三。这是汪国真第一次尝试将诗歌与音乐形

式进行结合，伴随着汪国真诗歌风靡全国与校园内的汪国真诗歌讲座的热潮，给喜欢他的读者带来一种新的艺术形式的享受。

成名之后的生活与以往截然不同，原本的宁静早已被打破，讲座、签售、座谈等各类活动的邀约纷至沓来，一直未曾间断。虽然渴望有更多时间投入创作，但这些来自读者的热情之约，汪国真无法拒绝，每到一处，他都可以感受到读者们如火的热情。这份来自读者的肯定，已经成为汪国真力量的源泉，回想起此前多少年之间在创作、投稿、退稿之间的循环往复，以及面对挫败时的失落与坚守，汪国真越发感受到成功的来之不易，而他能做的，就是以更多优秀的作品回报读者。

不过，面对读者的热情，汪国真也有尴尬的时刻。因为社会活动的增多，几乎每次都会面对读者索要签名的场面。汪国真是个不会拒绝的人，即使签到了手腕发酸，他也不忍心让读者失望。而且，每个签名他都写得十分认真，字迹从不潦草。写完之后，他还会端详字体是否写得美观，或许是一直对自己要求严格的原因，他那时总是觉得自己的字写得不好，很担心给读者留下不好的印象。除了为读者签名，每次参加社会活动时，主办方也会请汪国真题词留念。如果说，签名只是考验书写"汪国真"三个字的美观，那么，题词就充满了变数，不仅字数多了，而且内容也不一样，汪国真心想："看来，该练习书法了。"于是，1993年初，汪国真在家中添置了毛笔、墨，每天都会抽出一小时的时间练习书法，先是欧阳询的楷书，而后是王羲之的行书、怀素与张旭的草书，整整一年，认真、刻苦、持之以恒，虽然练得不算精湛，却已有模有样，笔下的字已然清秀俊朗。

　　打下了书法基础的汪国真，再次面对签名与题词时，多了一份自信与从容。只要没有意外，他仍然每天抽出时间练习书法，在练习中逐渐明确了自己的章法。此后，为了巩固自己的毛笔字书法，汪国真不再用钢笔写信，而是改用毛笔。那段时期，一些编辑都意外地发现，他们收到的汪国真的来信，都已经变成了古意盎然的毛笔字书法，让他们感受到了走红诗人多才多艺的另一个侧面。对于这种改变，汪国真是喜在心头的，他一直是一个追求完美的人，他还记得，即将大学毕业的时候，他已经将毕业论文写好，可总是觉得自己的字写得不好看，反复斟酌，最后还是请一位字写得十分漂亮的同学帮忙，重新誊写了一份毕业论文。如今，对于写好字的渴求终于成为现实，令汪国真颇有成就感，内心充满如同诗歌发表了一般的喜悦。

　　1994 年春天，汪国真应邀访问新加坡，与他同行的还有好友张宝瑞。他与张宝瑞结识于 1992 年，是在北京国际艺苑举办的一次版权座谈会上，时任新华社北京分社总编辑的张宝瑞以记者身份参加了会议，而汪国真也是与会嘉宾之一。结识以后，两个人大有相见恨晚之感。张宝瑞不仅是新华社的一名记者，也是一位作家。他作为"老三届"中最小的一届，也就是所谓的"老初一生"，因为"文革"而走进了工厂，做了一名炉前工，在"三班倒"的工作中开始给工友们讲故事，其中就讲过影响巨大的"文革"手抄本文学作品《一只绣花鞋》《绿色尸体》等。正因为都是作家的缘故，他们有了很多共同语言，不久后，汪国真还在张宝瑞的邀请下出席了全国文学书画创作班的开学典礼，两个人有了进一步的接触。如今，一道访问新加坡，他们有了更多交流的机会。

飞往新加坡的那天，在首都机场的候机大厅，许多读者认出了汪国真，热情地向他索要签名，有的随身携带了照相机的读者更是不会错过这样难得的机会，跑过来与他合影。张宝瑞静静地站在不远处，面带笑容，待读者散去，才对汪国真说："我亲身感受到了诗人的魅力了。"

汪国真听了，有些不好意思，回答说："应该说，是我的诗吸引了他们。"

张宝瑞点着头："是啊，很多人都喜欢你的诗，也渴望见到写出这些诗的人。我在 1990 年组织了一个金蔷薇文化沙龙，主要是文化艺术界的朋友的聚会交流，我想邀请你成为沙龙的一员，不知道你是不是愿意？"

汪国真笑了："当然愿意。如果大家欢迎我加入，我很愿意分享我的诗、我的感悟。"

抵达新加坡后，一行人参观了当地知名的景观。当时参观的感受，汪国真已在名为《旅行》的诗中与我们做了分享——

　　　　凡是遥远的地方

　　　　对我们都有一种诱惑

　　　　不是诱惑于美丽

　　　　就是诱惑于传说

　　　　即使远方的风景

　　　　并不尽如人意

　　我们也无须在乎

　　因为这实在是一个

　　迷人的错

　　仰首是春　俯首是秋

　　愿所有的幸福都追随着你

　　月圆是画　月缺是诗

　　此次新加坡之行一项重要的活动就是，参观在华人世界享有较高声誉的《联合早报》。在《联合早报》，因为当地媒体提前报道了汪国真来访的消息，吸引了众多慕名而来的当地诗人，聆听他在参观活动中的讲演。4月24日，《联合早报》以半版的篇幅发表了对汪国真的专访。一个新加坡的朋友在聚会时对张宝瑞半开玩笑地说："《联合早报》上刊发汪国真照片的面积比外国总统访问时的照片还要大，看来新加坡开始重视文学了。"张宝瑞把当地人的评论转达给汪国真时，汪国真只是笑笑，并未以此自诩，却说出了一个"宏伟"的计划："我未来的方向是努力在诗、书、画、曲四个方面有所发展。诗、书、画、曲本来就是一体的中国传统文化，可是后来却被割裂了，会书法的人不一定会写诗，会写诗的人不一定会书法，我要做的，就是在写作新诗、古诗之外，学习书法、绘画和作曲。"当时的汪国真已然在书法创作上踏出了新的步伐，不久后，他的第一部带有书法作品的书籍出版了。

　　那是1995年的一天，正在单位上班的汪国真忽然接到了一个电话，是吉林长春的时代文艺出版社的编辑章桂征打来的，他告诉汪国真，自己几天以后要到北京出差，希望可以和他见个面。汪国真爽快地答应了，因为他和章桂征之间并不陌生，两个人一直有书信往来，此前由时代文艺出版社推出了《1994·汪国真抒情诗选》和《1994·汪国真哲思短语》两本书，章桂征为责任编辑。几天后，他们如约在北京见面了。原来，章桂征正酝酿着一个出版计划，因为一直和汪国真有书信往来，所以对他在信笺上书写的毛笔字十分熟悉，赞叹之余萌生了出版汪国真书法作品的想法，此次北京之约，就是探讨这种构想的可行性。

听到章桂征的想法，汪国真既惊喜又忐忑，喜的是自己的书法竟被出版社的编辑所认可，并有了出版的可能；忐忑的则是对销售的担心，因为早在1991年时代文艺出版社就曾出版过《汪国真诗歌散文钢笔书法》一书，但书写者是一位资深的书法教授，如今，如果由自己担当书写者，读者会接受吗？不过，章桂征对此却并不担心，他很肯定读者会喜欢。汪国真想了想，同意了章桂征的建议："那我就慢慢写，写到了能够出书的量后，我再给你。"但章桂征却希望这个出版计划能够尽快实施，于是，两个人有了一个新的想法：出版诗与书法的合集。不久之后，在《1994·汪国真抒情诗选》的基础上修订与加入抒情诗书法的《最新·汪国真抒情诗选》（增订本）正式出版，使读者第一次在感受汪国真诗歌韵味的同时，也看到了他清逸而舒展的书法。

第一部书法作品的问世，给汪国真带来了极大的鼓励，他不仅坚持练习书法，而且将书写的内容有意围绕着自己创作的一些诗词展开，形成了原创诗词、亲自书写的作品体系。伴随着汪国真诗歌的红火，时代文艺出版社的全新尝试，使其他出版社也开始关注到汪国真的书法。1996年1月，内蒙古人民出版社推出了《汪国真诗文集》（散文·歌词·诗词·书法），不仅收入了他的散文、诗词，还收入了他的歌词与书法；此书因新颖而全面地呈现汪国真的作品，深受读者欢迎。

汪国真一直渴望着为诗歌插上音乐的翅膀

1993 年 5 月 27 日，汪国真（右三）、歌手韦唯（右二）等参加文艺座谈会

1994 年 4 月 17 日，汪国真、张宝瑞在新加坡

第十一章　拿起"金话筒"

汪国真坐在舞台下。

灯光笼罩着舞台，工作人员正在上面紧张地忙碌着，1991 年中央电视台五四青年节特邀节目主持人选拔赛就要拉开决赛的帷幕，而这一次，汪国真不是以诗人的身份，而是以主持人的身份参加角逐。

等待的时光漫长而令人紧张，汪国真的脑海里掠过无数选拔赛中的片段，过关斩将般一路走来，终于以八强的身份走向决赛舞台。今晚的成绩会如何？汪国真当然充满期待，尽管结果无法预测，但他会努力争取，正如他的诗《把握，靠睿智》——

> 百万大军可败如溃堤
>
> 一衣香脂可杀气重重
>
> 女弱　男雄
>
> 谁能说得清
>
> 几个蠹贼
>
> 足以致手忙脚乱
>
> 大敌当前

仍可吟风弄月

蠢材　只会慌张

帅才　总是从容

太少的给予让人无动于衷

太深的眷恋让人生骄恃宠

把握　靠睿智

把握不了靠命

　　汪国真对主持职业是向往的，这种向往来源于喜欢。在他看来，主持人手中的话筒是因为主持人的把持才变得熠熠生辉，要让普通的话筒成为"金话筒"，完全在于主持人赋予它生命力。等待决赛时刻的汪国真忽然笑了，他想起来，虽然自己不像许戈辉、张泽群等其他几位参赛选手一样具备主持经验，但对于主持人大赛，他也并不陌生，甚至还曾有过一次参赛的经历。

　　1988 年，中央电视台首开主持人大赛的先河，举办第一届"如意杯"主持人大赛，包括北京地区业余节目主持人选拔赛和全国专业主持人评选两项活动。当时的汪国真尚未出名，受一家青年刊物的委托，前往北京地区业余节目主持人选拔赛的报名现场采访。报名的人很多，每个人都带着期待的神情。汪国真先是在现场穿梭，采访了一些报名者，而后躲在角落里，静静地观察着。没想到，他身边正好站了一位工作人员，无意中注意到了他。或许是汪国真平静的状态让人觉得他与众不同，这位工作人员主动和汪国真攀谈起来：“报名了吗？”

汪国真这才看到自己身边不远处站着的这位工作人员，笑着摇摇头，回答说：“报名？我恐怕不太合适，一点舞台经验都没有。”

那位工作人员没有说话，仔细端详着汪国真，忽然点了点头，又说：“气质不错，报名的人里面就缺少你这样带有学者气质的人，我看没问题，快来报名吧。”

那位工作人员说着，向填写报名表的工作台走去，边走边向后面的汪国真招手。就这样，来现场采访的汪国真意外地报名参加了北京地区业余节目主持人选拔赛。从没有过主持经验的汪国真原本以为，自己在第一轮初试中就会被淘汰下来，可他没想到的是，在1200多名报考者中，他竟然顺利通过了初试、复试，闯入了前60名。而这前60名的入围者虽然都不是专业主持人，但大多是艺术院校的高才生，可以说是未来的主持人，实力不可小觑，汪国真能够名列其中，确实是个惊喜。不过，尽管自身的文化素养出类拔萃，但因没有舞台经验，在60进10的淘汰赛中，汪国真未能闯入十强，但这次参赛经历却成为汪国真十分难忘而有趣的一段往事。

三年时光飞逝，如今的汪国真已今非昔比。他不再是名不见经传的普通参赛者，而是一个红遍大江南北的诗人。人常说，带着光环，已无法轻松。的确，经历过“汪国真年”的洗礼，汪国真要以一个普通人的身份参加比赛，即使他自己能够拥有平常心，但观众却仍然会以审视名人的目光关注他，哪怕是一点瑕疵，都可能被无限放大，只有表现得出类拔萃，才会得到认可。汪国真自然明白这样的道理，可是当面对选择时，心中依旧充满《一片向往》——

> 有一条道路
>
> 走过了总会想起
>
> 有一种感情
>
> 经过了就再也难以忘记
>
> 有一个高度
>
> 总是叫人难以企及
>
> 有一片向往
>
> 真是让人不能舍弃
>
> 就仿佛那
>
> 春光可饮　秋色可依

这次参赛的缘起与第一次参赛有着相似的情况，都是意外将汪国真推向了主持人大赛的舞台。那是在 1991 年初夏的一天，为迎接五四青年节，中央电视台筹备了一档面向青年观众的主持人选拔赛，为使节目更贴近青年观众，在节目筹备期特意召开了一次节目策划会，而节目组也特意请来了时年 35 岁的当红诗人汪国真参与策划。在策划会上，与会嘉宾各抒己见，汪国真的发言十分精彩，毕竟他是依靠自己的实力为青年读者所喜欢，做节目和写诗一样，只有抓住观众或者读者的心，才可能具有吸引力。

策划会之后，节目的编导一边观看策划会的录像一边思考着如何能将节目办得更好，忽然，汪国真的身影吸引了他的目光。这位侃侃而谈的青年诗人，不仅学识渊博，而且形象好、气质好，口才极佳。导演灵机一动，心想，当下主持人队伍缺少的就是专家型人才的加入，很多主持人凭借的都是外形条件和主持的专业技能，往往并不具备深厚的文化底蕴，但电视机前的亿万观众真正期待的优秀主持人应该是具备一定文化素养的，甚至是博学的主持人，如果能在节目中出现这样的参赛选手，不正是满足了观众的需求，制作出一档好看的节目了吗？想到这儿，导演十分兴奋，马上安排与汪国真见面商谈。

汪国真十分意外，听完了导演的想法后，尽管心有所动，可还是犹豫不决。毕竟，他是一个诗人，涉足一个他并没有太多经验的领域，很可能会失败。在考虑期间，很多朋友也提了建议，但基本上都持反对意见，甚至连当初发表他成名作的《追求》杂志副主编杜卫东也语重心长地劝慰汪国真："朦胧是一种美，太明晰了，就没有神秘感了。没有神秘感，读者就会厌倦。"

友人的告诫，汪国真自然听进了心。他是一个认真但却随性的人。当年写诗的时候，很多人都劝他放弃，可是他就因为喜欢，没有想过太多的得与失，所以在诗歌创作的崎岖小路上一路走来。如今，他的诗歌传遍全国，但他觉得，一个人在成名以后，既不要狂妄，也不能谨小慎微地维护自己的形象，而是应该做真实的自己，经得起成功，也经得起失败，否则如果一味地惧怕失败，那他就再难以发展了。有了这样的思考，汪国真忽然豁然开朗，他将"像普通人一样做名人"作为自己的行为准则，不为名所累，既然喜欢主持人那种站在舞台上驾驭现场的感觉，那么就勇敢参与。于是，汪国真郑重回复了向他发出邀请的五四青年节特邀节目主持人选拔赛的导演：我可以参加比赛。

此时的汪国真，是诗坛之外的再出发，带着信心，《把未来眺望》——

欲望是一副枷锁

却有着最亮丽的伪装

当它成为主宰你的国王

你便注定了要黯然退场

这个世界不相信什么是伤感

成功和失败的区别

也绝不仅仅是正规和草莽

街上的人们似乎都一样

但他们每天走向的却是不同的地方

命运不是不可逾越的宫墙

我们需要的是

用坚毅和坚定的目光

把未来眺望

　　可以说，中央电视台青年主持人选拔赛是在中国最高电视舞台上进行的一场高水平竞赛，吸引了来自全国的优秀主持人参赛，像汪国真这样几乎没有主持经验的参赛者并不多见。汪国真像其他选手一样，遵循"公平竞争"的原则，按照报名、初试、复试的程序一步步走来。

　　不过，很多观众在参赛选手中发现汪国真的身影时十分意外，纷纷问："他是诗人汪国真吗？"他们不相信，一个红遍大江南北的诗人也来参与这个主持人大赛的竞争，而且他那么年轻，容貌清秀，一副学者气质；因此，很多观众都是脑海里浮现着汪国真的诗，十分投入地坐在电视机前关注他在比赛中的表现。

　　汪国真在赛场下候场时，节目组的撰稿人特意走过去，边和他握手边充满敬意地说："我非常佩服你，像您这样的知名诗人，却敢于像一个普通人那样从头干起，没有勇于向自己挑战的精神是不可能这样的。"而在比赛现场见到汪国真的北京广播学院副院长王纪言也感叹说："真没有想到，你能够来！"

　　当时，中央电视台实况转播了青年节目主持人决赛的实况。走上舞台时，汪国真已经褪去了1988年第一次参加主持人比赛时的稚气，在众多观众关注的目光中，带着真诚，以自己独有的风格，按照比赛环节安排，或是模拟采访，或是现场主持，驾驭着那一刻属于他的舞台。不过，只有汪国真自己最清楚，他是紧张而忐忑的，因为尽管具备文化素养的优势，但主持人毕竟是需要主持专业技能和相关经验的，他从未有过这方面的训练，除了1988年参加过一次比赛之外，根本没有临场主持的经历，所以初看到面前的摄像机时，觉得自己如面对枪口似的，以往的机敏与洒脱忽然不见了踪影。

在参赛的选手中，汪国真看到了一个熟悉的面孔。她就是素有"中国甜歌皇后"之称的歌星李玲玉。她与汪国真一样，都是名声在外的文化艺术界名人。李玲玉自1985年出版歌曲专辑以来，已成为观众熟悉的歌手，她还在1987年成功出演了电视连续剧《西游记》中的玉兔精，在剧中表演了歌舞《天竺少女》；除此之外，她的舞台经验也无比丰富，不仅歌唱得好，而且曾在1990年、1991年两次登上中央电视台春节联欢晚会的舞台。在汪国真看来，他们最接近的地方就是都不是专业主持人，所以在比赛前汪国真问李玲玉："你紧张吗？"

李玲玉毫不掩饰地回答："特别紧张，有时连觉都睡不好。"

或许两个情况相近的人最能够相互鼓励，在比赛过程中，汪国真和李玲玉互相鼓励，两个人一步步都凭借实力走到了决赛现场。应该说，进入决赛的8个人都是综合素质极高的选手，汪国真虽然紧张，却并不胆怯，尽自己最大的努力参与着竞争。最终，汪国真取得了大赛的第6名。虽然没能夺冠，但这个成绩足以令人喝彩了，因为这是汪国真避开诗人光环、在另一个陌生领域内取得的一个国家级成绩。但汪国真却谦虚地说："开拓一个新的领域，开始往往是不成功的。写诗，我就是从退稿堆里走出来的；竞争主持人，我为什么不能从一般走向最好呢？"

的确，在诗歌之路上一路跋涉过来的汪国真，经历过多年被退稿的痛苦磨炼，才取得了风靡全国的辉煌，所以在他看来，人生就要勇于尝试，因为有了尝试才可能会《走向远方》——

是男儿总要走向远方，
走向远方是为了让生命更辉煌。
走在崎岖不平的路上，
年轻的眼眸里装着梦更装着思想。
不论是孤独地走着还是结伴同行，
让每个脚印都坚实而有重量。

我们学着承受痛苦。
学着把眼泪像珍珠一样收藏。
把泪水都贮存在成功的那一天流，
那一天，
哪怕流它个大海汪洋。

我们学着对待误解。
学着把生活的苦酒当成饮料一样慢慢品尝，
不论生命历经多少委屈和艰辛，
我们总是以一个朝气蓬勃的面孔，
醒来在每一个早上。

我们学着对待流言。
学着从容而冷静地面对世事沧桑，
"猝然临之而不惊，无故加之而不怒"，

这便是我们的大勇，

我们的修养。

我们学着只争朝夕。

人生苦短，

道路漫长，

我们走向并珍爱每一处风光，

我们不停地走着，

不停地走着的我们也成了一处风光。

走向远方，

从少年到青年，

从青年到老年，

我们从星星变成了夕阳……

多才多艺的诗人汪国真

第十二章　有实力就有机遇

20世纪90年代汪国真的诗被更多的人传唱。

1990年出版《年轻的潮》《年轻的思绪》《年轻的风》三本诗集之后，每一年都会有数种汪国真的诗集或是哲思短语集问世，而且印数都在当年全国出版的诗集中首屈一指。这林林总总的汪国真作品中，他的《年轻的思绪》《汪国真爱情诗精品欣赏：青春的情感》《汪国真哲思短语》三本诗集分别在1991年、1992年、1993年连续获得全国图书"金钥匙"奖，成为诗歌出版领域一份空前的殊荣。此外，以汪国真诗歌为内容的硬笔书法字帖纷纷在北京、南京、长春、湖南、湖北、宁夏等地出版，首印数多达8万册。数种以汪国真诗歌为主题的贺年卡在长沙、杭州、北京、福州等地印制出版，发行量极为可观。多种以汪国真诗歌为内容的配乐诗朗诵盒带也由上海、北京、广州、珠海等地的音像出版社先后推出，朗诵者为乔榛、丁建华、陈道明、杜宪、张悦、丛珊、奚美娟、方舒、方卉等名家。汪国真的诗歌亦被转化为歌词，谷建芬、徐沛东、傅林、伍嘉冀、常宽等知名作曲家谱曲，刘欢、那英、蔡国庆、解小东、屠洪刚、陈红等当红歌星演唱，影响广泛……

诗人的成就为众多媒体所瞩目，数年间，《人民日报》《中国青年报》和中央电视台的《东方之子》《艺术人生》《正大综艺》《综艺大观》《见证》《新闻会客厅》《奋斗》《十二演播室》《纪录片之窗》《名师名校》等栏目，以及香港凤凰卫视的《鲁豫有约》、河南卫视《文化视窗》、河北卫视《人物》、湖北卫视《往事》与《中国范儿》、山西卫视《内陆看谈》、内蒙古卫视《马兰花开》、北京电视台《现代人物》与《天天悦读汇》、福建东南卫视《相约东南》、湖南卫视《天天向上》与《越策越开心》、江苏教育电视台《风云人物》、上海电视台《热点人物》、辽宁电视台《今晚博客》、深圳卫视《年代秀》、陕西卫视《开坛》、广东卫视《佳访》、厦门卫视《玲听两岸》等知名媒体均先后对汪国真进行了专题报道。

　　1997 年 7 月，北京零点调查公司开展了一项名为"人们所欣赏的当代中国诗人"的调查，在新中国成立后出生的诗人中，汪国真名列第一。可以说，这项调查反映的是公众的声音，体现了诗人在读者中最为真实的影响力。在汪国真看来，能够在这项调查中名列首位，对诗人成就的肯定甚至已经超过了一个知名奖项的获得。一项调查，佐证的是当年读者对汪国真诗歌的认可度，记录了那个时代的"汪国真现象"。

　　然而，作为"汪国真现象"的核心人物，汪国真一直很淡然，他觉得，有实力就有机遇，因此，在他的诗无比红火的时候，他的书法也因为实力而逐渐走入人们的视野。

　　那是一次文化艺术界朋友的聚会，活动期间，汪国真认识了一位新朋友，名叫齐建秋。通过介绍汪国真了解到，这位齐先生出身文化世家，其父齐鸿章是一位知名的古字画鉴赏专家，而他本人也在艺术鉴赏界和收藏界小有名气。汪国真没有想到的是，两个人第一次相见，谈论的话题竟然是围绕着他的书法展开的。

齐建秋告诉汪国真："我那里有你的书法。"

汪国真十分惊讶，一脸不解："我的书法？我们是第一次见面，而且我又从没有卖过字，你怎么会有我的书法呢？"

齐建秋一笑："是在两页浅绿暗光绵纸信笺上写的毛笔字。"

汪国真越发惊讶，因为齐建秋所说的浅绿暗光绵纸正是他常用的信笺，他能说得如此清楚，那一定不是假的，可是他越发好奇，自己在信笺上写的毛笔字如何进入了收藏家的手中呢？于是汪国真急忙回答说："没错，应该是我写的，可是你手里怎么会有呢？"

齐建秋这才娓娓讲述了他的收藏经历。原来，作为一个鉴赏家和收藏家，齐建秋经常会到琉璃厂、潘家园等字画艺术品流通地"淘宝"。有一次，就在潘家园的一个摊位上，两页信笺闯入了他的眼帘。信笺上的书法遒劲有力，流畅而大气，一下子就吸引了他。齐建秋最初以为这是民国时期哪位书法家的作品，待把两页信笺捧在手中仔细端详才发现，它竟出自90年代初红遍全国的诗人之手，顿时吃惊不小，心想："一位诗人的书法竟然如此之好。"事实上，信笺是汪国真写给《北京晚报》一位编辑的信函，回复了编辑对他为"港澳台之窗"板块题字的邀请。鉴赏功力深厚的齐建秋当然知道这信笺一定是真迹，因为喜欢，毫不犹豫地买了下来。齐建秋没有想到，日后他有机会结识这位诗人，而这次特殊的收藏经历便成为两人首次见面时的话题。

听清了来龙去脉，汪国真内心充满惊喜，因为他没有想到，自己自

1993 年练习书法以来，用毛笔字书写与编辑之间的信函已成为习惯，可是这些信函竟然被艺术鉴赏家当作优秀的书法作品加以收藏，在一定程度上，这是肯定了他的书法水准。这样的认可颇令汪国真有一种成就感，他觉得，除了诗，自己已经在书法创作上踏出了一步，艺无止境，他会带着更大的信心投入到他所喜爱的书法艺术之中。

　　不久之后，汪国真在《光明日报》上看到了一篇文章，讲述了对书法创作的担忧，文中谈到了一次碑林征文活动，作者发现了一个可悲的现象，征文参与者虽然书法优秀，但大多是书写古人诗词，能够做到"我手写我口"的极少。如果老一辈人尚且如此，那么年轻一代是否能做到书文皆通就更值得担忧了。汪国真读过文章以后，内心深受触动，当时就暗下决心，尽管自己的新诗已经取得成功，但应加强古体诗的学习与创作，同时不断研习书法，争取做到"我手写我口"。

　　汪国真曾写下一篇名为《鉴赏》的文章，可以说，鉴赏是一种理解，拥有了鉴赏力，才可以在书法创作上走向成功——

　　　　学会鉴赏，就是学会发现和理解被鉴赏事物的真正价值所在，这需要知识和经验，也需要敏锐和远见。

　　　　以善相马著称的春秋时代的伯乐，真名叫作孙阳，因为善相马，人们以掌天马的星名"伯乐"相称。西汉刘向《战国策·燕策二》中道："人有卖骏马者，比三旦立市，人莫之知。往见伯乐，曰：'臣有骏马，欲卖之，比三旦立于市，人莫与言，愿子还而视之，去而顾之，臣请献一朝之贾。'伯乐乃还而视之，去而顾之，一旦而马价十倍。"这个故事，充分说明了生活中鉴赏的重要性。

懂得了鉴赏，也就懂得了汲取。懂得了哪些是有价值的瑰宝，哪些是金玉其外、败絮其中的赝品，也就懂得了收藏。

对于有争议的鉴赏对象，不必匆忙下结论，过若干年回过头来看，会更准确，更客观。

历史上的齐桓公可以说是个人才的鉴赏大家，他充分信任和重用管仲即是证明之一。他的明智使得屡进谗言的竖貂和易牙等小人无可奈何，使齐国得到大治。《东周列国志》第十七回中的一首小诗，生动地描写了这一情形，即便今天读来，仍颇堪回味："疑人勿用用勿疑，当年仲父独制齐。都似桓公能信任，貂巫百口亦何为？"有了像桓公这样的眼力，何愁珍珠蒙尘？

人们对文学和艺术鉴赏力的普遍提高，使得人们逐渐变得不盲目而会选择，这将使靠故弄玄虚、虚张声势、习惯玩弄雕虫小技的人难以施其伎俩。他们的失落，正是表明了社会的进步。

对于同样的事物，公众和专家的评价往往不一样。因为前者更多的是凭感觉，后者更多的是凭经验。这里没有绝对的谁对谁错。这是因为感觉常因缺少理性而需要提高，经验常因落后于时代而需要修正。

"不怕不识货，就怕货比货。"对被鉴赏的事物做出评价，常是可以通过比较来完成的。比较可说是最常用的一种鉴赏方法。

如果说名家收藏汪国真的信笺只是他的书法获得肯定的一个信号，

那么，汪国真的书法作品被篆刻为碑文则是走向大众认知的开始。

1998 年夏天，汪国真前往安徽巢湖参加一个会议。会议期间，每个与会嘉宾的面前都会摆放一个桌签，写上嘉宾的名字。参会的一位嘉宾是安徽庐江县的县长常启斌，在会议休息间隙他来到了汪国真的座位前，看了看桌签，又看了看汪国真，忽然问："我买过两本书，书的作者就叫汪国真，不知道是不是你？"

汪国真笑了，问："是什么书？"

常县长回答说："是两本诗集，诗集中还有作者的书法。"

汪国真点点头："应该就是我。"

常县长这才显现出有些兴奋的神情，对汪国真说："你是大诗人，我很喜欢你的诗，不过，我更喜欢你的书法。"

汪国真很意外，因为他的诗慕名而来的读者不计其数，但因为受他书法的吸引而赞美他的读者这还是第一个。由于仓促，常县长无法占用会议时间和汪国真交流，于是向诗人发出了邀请，希望他抽空去庐江县走一走。汪国真当然知道庐江县，那里是三国时期东吴名将周瑜的故里，历史悠久，文化深厚。因此，汪国真欣然接受了常县长的邀请。

不久之后，汪国真踏上了庐江县的土地，真真切切感受到了这里的人文与自然的氛围。庐江县的周瑜墓，建于东汉建安十五年（公元 210 年），虽然在历史长河里几经损毁，但如今已修缮一新，作为省级重点文物保护单位，迎接着南来北往慕名而来的游人。汪国真在墓园内边走边看，尤其细心观看那些历史上留存下来的碑刻对联及书法。

汪国真没想到的是，参观之后，常县长提出了一个请求。原来，当地政府一直准备在周瑜墓前建一个纪念碑，但有文才撰写碑文又懂书法可供碑刻的名家并不多，于是当地有关部门研究后决定，希望能邀请到著名诗人汪国真担当此任。听过常县长的讲述后，汪国真有些犹豫。因为在他看来，一座纪念碑是要留存于世的，上面的碑刻不同于普通的书法作品，需要经过历朝历代观者的检验，而自己从未撰写过碑文。于是，他就问常县长："我的书法能行吗？"

常县长笑了，肯定地点了点头。

就这样，汪国真为安徽庐江周瑜陵园撰写了碑文："赤壁硝烟过眼云，将军一战傲古今。社稷江山赖君护，虎龙吟。从来襟怀宽似海，非为翻案事本真。长叹名花何早谢，雨纷纷。"碑文由汪国真以自成一派的书法书写而成，篆刻在石碑上，成为汪国真书法走向大众认知的开始。

有了开始，汪国真的书法如同他的诗歌一般，得到了日渐广泛的认可，越来越多地走入人们的视野。他的足迹行走在祖国的大好河山，他为山河秀丽所感，有时会为风景区留下墨宝，比如，河南洛阳鸡冠洞景区赫然矗立着一块巨大的石碑，上面镌刻着汪国真书写的"鸡冠洞"三个大字；有时他不仅创作诗词，更将诗词用他风格独具的书法书写出来，诗与书相得益彰，或是被镌刻在石碑上，或是装裱后悬挂，相伴风景名胜，为南来北往的游人呈现一道富含人文精神的别样风景。

这些汪国真诗词与书法的结合，已经构成了一道多彩的风景线——

在湖南张家界金鞭溪，他留下了："金鞭岩下望雄奇，神姿应照十万里。莫道眼前清水浅，波澜源自出小溪。"

　　在安徽黄山市黄山风景区，他留下了："峰绝天地，云若翻飞翼。松令霞霓常相忆，泉自横空飘逸。风流千古无双，名扬四海悠扬。一派从容风度，敢教笔墨皆狂。"

　　在安徽池州九华山，他留下了："遥望九华山，苍翠云烟。神工鬼斧描亦难。势若雄关花若媚，不羡天仙。低首思华年，岁月又添。光阴流逝似行帆，唯有青松真风骨，长在人间。"

　　在安徽舒城万佛湖，他留下了："闲暇瞧水色，最喜万佛湖。心底生禅意，烟尘尽去除。"

　　在河南西峡县龙潭沟风景区，他留下了："龙潭满眼是清新，一水一登临。激流飞泻真好，空谷响琴音。掬一捧，去俗尘，洗凡心。怎生能忘：花是春妆，溪是秋痕。"

　　在河南嵩县，他留下了："地处中原。域牵三水，三山连绵。放眼陆浑浩渺，如画舟船。想鹤鸣九皋非斯所，怎会聚，恁多先贤。伊尹为相开端。更有那，两程似玉斑斓。李、杜、白、岑，激荡风雷诗篇。刘、杨、李盘踞争战，论兴衰皆瞧烽烟。看今日伊地：握此时，兴明天。"

　　在河南鹤壁云梦山风景区，他留下了："纵横捭阖多少家，师出一门露光华。云梦山里清溪水，洗去浮尘看晚霞。百兽壁，天书崖。鬼谷妙算谁能察。至今犹道演兵岭，内捷抵巇似岣岈。"

　　在河南宜阳县花果山风景区，他留下了："名山皆有仙，怎比花果山。一声孙大圣，彩霞飞满天。"

　　在河南修武县云台山风景区，他留下了："青青云台山，风景真好看。温盘峪水蓝蓝，还有那百家岩。茱萸峰呦高又高，小寨沟长又长，秋秀谷彩蝶飞，还有一峰十八湾。青青云台山，历史有渊源。王维来赋诗，唐王曾试剑。还有那七品芝麻官，人称唐知县。看到那点将台，想起千年烽烟。啊，啊哈啊哈啊哈哈，云台山。"

在河南洛阳龙门宾馆，他留下了："昨日龙门景里行，晨来又到牡丹城。月天谁可写，无笔能。"

在山西忻州五台山风景区，他留下了："清丽云山，庄严庙宇。五台灵境天付与。既有宝殿能知心，到此何妨诉心语。田野情怀，都市思绪。人生多少风雪雨。且向苍莽借胸襟，安然面对朝和暮。"

在山西运城运城大酒店，他留下了："河东自古多高贤，回首桑与盐。永乐、通鉴炫人目，普救、铁牛动心田。子安文章百世，云长肝胆千年。五老经此也流连，望鹳雀奇观。黄河九曲皆历史，尧舜一脉是云烟。舞剑南风伴酒，抚琴秋风入弦。"

…………

汪国真的书法渐渐名声在外，慕名而来的求字者也渐渐多了起来。汪国真印象最深的一件事，是香格里拉酒店集团上门求字。

那是 2002 年夏季的一天，汪国真接到了一个陌生人打来的电话，自我介绍说是香格里拉酒店集团上海浦东香格里拉酒店公关部总监李霞，而她贸然打来电话，是为了实施香格里拉酒店的一项创意任务。原来，香格里拉酒店集团准备于 2002 年底在中国内地 18 家店推出珍藏十年的红酒，红酒包装的设计任务交给了上海浦东的香格里拉酒店负责。酒店的总经理是一位瑞士人，他为此事多次与酒店公关部召开策划会，有一次，他在会议上说："很多国家的酒标都是以这个国家最有影响的诗人的诗为内容设计的，你们也应该找一个这样的人。"

于是，酒店上下很快达成共识，以这个思路作为红酒包装的创意，但究竟该找哪位诗人呢？所有工作人员一致公认，在当代诗人中，最具影响力的诗人当属汪国真。很快，寻找汪国真联系方式的工作紧张展开，十余位工作人员以各种渠道寻找着。最终，还是公关部李总监找到出版过汪国真诗集的出版社，讲明原因才得以拿到汪国真的电话。李霞说："我们不仅想请您为我们的红酒写诗，而且听说您的书法也非常好，所以也想请您亲自题写。"

听过李霞的介绍，汪国真有些意外。尽管当时请他作诗题词的企事业单位不在少数，但大多是结识他以后才萌生了请他创作的想法，像香格里拉酒店集团这样，为了一个商业产品的推广几经周折寻找他的还是第一次。这件事不仅让汪国真再次感受到了他作为诗人所产生的持续而深远的影响力，而且更令他感到高兴的则是，对方对他的书法同样也是慕名而来。于是，汪国真爽快地答应了香格里拉酒店的邀约。

半个月后，汪国真前往苏州出差，李霞和同事周轶专程从上海赶到苏州，在汪国真下榻的酒店见到了他们仰慕已久的诗人。在这次短暂的交谈中，汪国真仔细询问了香格里拉对诗歌创作的具体要求。李霞说："这首诗一要有'酒'字，二要有生活，三要有'香格里拉'四个字，第四个要求是由于酒标篇幅有限，所以诗不能太长。"

几天之后，汪国真结束了苏州的活动，专程来到上海，抵达浦东香格里拉酒店。诗人也带来了礼物，就是他为香格里拉酒店集团即将在全国范围推出的红酒所创作的诗："酒中豪情雾里花，唯愿时光尽潇洒，人间仙境何处寻，香格里拉情如家。"后来，汪国真专门在宣纸上题写了这篇诗作，最终呈现在经典红酒的酒标上，在红酒的消费群体中广受赞颂。

书法，是继诗歌之后，汪国真打开的另一道门。他不仅为名山大川、风景名胜创作诗词、书法作品，还为上海印钞厂印制的邮币纪念册题字并创作内文诗词，为韩国大韩航空公司、广州白云国际机场题写书法……2005 年，汪国真收获了来自中共中央对外联络部礼宾局的证书，他的书法开始作为中央领导同志出访的礼品，赠送给外国党政要人。

也许是因为书法创作的原因，除了新诗，汪国真又开始着手于旧体诗的创作，此后陆续出版的一些诗集中已经有了旧体诗的篇章，让读者看到了汪国真诗歌创作的另一个侧面。

汪国真是一个走在事业路上的强者，虽然文雅，却很执着，他并没有因为诗歌的成功而停滞不前，而是继续探索着其他艺术形式的创作，古代文人集诗、书、画、曲四绝于一身的传统正是他的方向。在谈及书法创作时，汪国真在一篇名为《我喜欢书法》的散文中说："人能走多远，这话不是要问双脚，而是要问意志；人能攀多高，这话不是要问双手，而是要问志向。"语句虽然平实，但显现的，却是他追求书法艺术之抱负的高远。

从 1993 年开始，汪国真与书法结下了不解之缘

2012 年，汪国真为江西九江陶渊明故里题写的"渊明故里"

正在书法创作的汪国真

第十三章　当生命邂逅了死神

1999 年，正向着诗、书、画、曲四绝前行的汪国真忽然遭遇了人生旅途上的波澜，经历了一次面对死神的考验。

在中国艺术研究院，汪国真先后在研究院下属的文化艺术出版社、文学艺术创作研究院工作。在同事的眼中，汪国真对待本职工作认真负责，尽管红遍全国，却十分低调内敛，为人敦厚，谦和有礼。而家中，汪国真的孝顺是远近闻名的，最初的时候和父母一同居住在教育部大院的家属楼里，邻居们对此都有目共睹；后来汪国真搬到了自己的房子，但只要一有时间，他还是经常跑回来看望父母。

汪国真和妹妹汪玉华的感情深厚，是朋友眼中十分有担当的哥哥。妹妹八岁那年，和几个小朋友玩的时候，被一个调皮的大孩子锁进了一间屋子里，吓得直哭。恰好汪国真路过邻居家的那间屋子，听到了妹妹的哭声，便透过窗户安慰妹妹。平静下来的妹妹把那个大孩子欺负自己的事告诉了哥哥，汪国真听了，告诉妹妹别怕，等着他去找人开门。有了哥哥壮胆，妹妹不再害怕了，隔着窗户对哥哥点了点头。汪国真转身跑去找那个欺负妹妹的大孩子。就在那个屋子外面，汪国真狠狠地盯着那个大孩子，那种因为保护妹妹而阻挡不住的勇气，早已吓坏了那个比汪国真高了半头的大孩子，竟然吓得哭了起来。锁在屋子里的妹妹隔着窗户看到了这样的情景，心里解气极了，为有一个保护自己的好哥哥充满了自豪感。

不过，有担当的哥哥有时也因为担当办了"坏事"。妹妹 12 岁那年，准备出门上学的汪玉华照了一下镜子，却被自己吓了一跳。镜子里，她的脸肿得十分厉害，吓得手足无措的汪玉华急忙去找哥哥。那时父亲在安徽"五七干校"，在北京照顾他们的母亲每天很早就出门上班。没有大人在家里，汪国真便有了担当，他看了看妹妹的脸，决定先给妹妹做"治疗"。他觉得妹妹的脸肿很可能是因为身体缺盐，所以一边安慰妹妹，一边冲了一碗淡盐水，让妹妹喝了下去。不过，这一碗淡盐水并没有让妹妹的脸消肿，而且还有了新的症状：尿血。母亲晚上下班后，才知道女儿的情况，急忙带她去了医院。医生诊断后才知道，汪玉华得了急性肾炎，汪国真给妹妹的那碗淡盐水非但没有起到治病的效果，还加重了她的病情。这令他后悔不已。不过，病情最终得到了控制，妹妹在医院里住了一个月，出院后休学在家休养了半年，终于得以康复。

妹妹汪玉华是学习理工科的，从北京建工学院毕业后分配进入北京市政总公司下属的一所中专学校担任老师。作为哥哥诗歌作品的第一读者，汪玉华最深刻的记忆还是哥哥在文学路上的艰辛，哥哥很勤奋，但成名前，他的诗歌 90% 都会遭受退稿的命运，但哥哥却一直乐观而勤奋地坚持着。汪玉华记得，有一天下午，哥哥因为上班没有时间，所以让妹妹帮他把刚刚誊写在十几页稿纸上的散文送去一家杂志社，交给一位编辑。汪玉华按照哥哥的叮嘱，找到了离教育部大院不远的那家杂志社，将哥哥的稿子亲手交给了那位编辑。然而，汪玉华却有些吃惊地看到，那位编辑就站在她的面前，把稿纸像数钞票一样快速翻看着，一眨眼工夫，就将十几页稿纸塞给了汪玉华，告诉她说，这个稿子我们不能用。目瞪口呆的汪玉华看着那位编辑走进了屋子，想起哥哥的坚持，难免心酸。日后，汪国真的诗歌红遍中国，外人看到的是光鲜，光鲜背后的辛苦，只有家人最清楚。及至成名以后，哥哥仍会将自己刚刚出炉而尚未面世的诗作交给妹妹品评，汪玉华会将自己的看法如实地说给哥哥听，哥哥也会一如既往地聆听、思考。妹妹明显地感觉到，随着他的诗得到越来越多的认可，哥哥在创作上变得更加富有激情，而作品则更加符合普通人的情感与认知。

1991 年的全国图书"金钥匙"奖颁奖会上，因《年轻的思绪》一书而获奖的汪国真坐在席间。在这次颁奖会上，汪国真不仅收获了出版界对他的诗集的肯定，还结识了一位来自河南的女孩。女孩小他 16 岁，如同众多读者一样，对他的诗喜欢而迷恋。朦胧中，两个有缘的人渐渐萌生爱意，一年后，他们相约走进了婚姻的殿堂。成名后的汪国真早已暴露在公众的关注下，虽然有光环的灿烂，但却鲜有隐私，他觉得，情感是属于个人的，不该暴露在众人的目光之下。正因如此，他的婚姻很低调，他也从未对媒体谈到过这段往事，即使是十分亲近了解内情的朋友，也在汪国真的叮嘱下不曾对外界谈及他的情感生活。尽管媒体和公众对诗人的情感世界充满好奇而渴知，但或许作为一个谜存在，正是诗人所向往的。

情感世界成了诗人的秘密，其实这是汪国真对待生活的一种艺术，这充分体现在他的《秘密》一文中——

只有完全成熟的人，才有真正的秘密；不太成熟的人，只有暂时的秘密；不成熟的人，则根本没有秘密。

从一定意义上讲，秘密与魅力同在。

秘密存在，魅力也存在，秘密一旦公开，魅力便会荡然无存。为了使自己的魅力保持得更久长，学会适当地保留一些秘密是必要的，这也是一种生活的艺术。

如果你是个铁骨铮铮的好男儿，应该学会把痛苦作为一种秘密深埋在自己宽厚的胸膛里，永远用你的微笑去面对父母，永远用你的欢颜去感染爱人，永远用你的笑声去浇灌孩子烂漫的心灵。

我一向觉得：一个心中没有秘密的人，不会幸福；一个心中有太多秘密的人，一定痛苦。

秘密，是心灵之花，一束是一种美，太多了便会为其所累。

秘密与坦诚并不矛盾。坦诚用以待人，秘密用来自娱。

以为坦诚就必须是心灵的全部剖白，这不是一种误会，便是一种苛求。

有一种秘密，是欢乐和痛苦孕育的花朵，这枝花朵，既迷人又磨人。因为迷人才磨人，因为磨人而更迷人。

如果别人把内心深处的秘密向你披露，这是一种莫大的信任。即便出自善良的动机把别人的秘密示人，也不够妥当。这既容易伤害友人，也容易伤害友情。

心与心的贴近，情感与情感的交融，往往是从彼此或单方面的倾诉心灵深处的秘密开始的。有一些秘密藏在心头太久了，便成了一团浑浊的空气，对自己并无什么益处。当你敞开心扉，阳光便会照射进来，春风便会吹拂进来，心灵便会透亮起来。

真的，不是所有秘密都必须永远属于自己。

1994 年，汪国真的儿子出生了。他是一个天使，让中年得子的汪国真体验到了做父亲的天伦之乐。年幼的孩子天真无邪，童萌可爱，让初为人父的汪国真仿佛回归了本真，饱含激情地投入到创作之中。在儿子渐渐长大的那些时光里，汪国真的诗依旧在发酵，书法领域也得以全新开拓。毛笔书法得心应手以后，汪国真开始尝试创作中国画，逐渐以花鸟作为其绘画的主要题材。诗中有画，画中有诗，汪国真的作品经常结合了他的诗、他的书法和他的画，韵味独特，意趣盎然，富含文化气质。

不过，平静中却意外掀起了波澜，生命一度亮起了红灯。

那是 1999 年 11 月下旬的一天，刚从厦门老家回到北京的母亲李桂英见到儿子时，意外地发现汪国真的状态十分不好，而且脸色泛黄，便急切地问他："怎么了？怎么脸色这么黄？"

身体很不舒服的汪国真面对着母亲却露出了笑容，回答说："没什么，应该是感冒了，休息几天就好了。"

母亲却觉得这种状态很不正常，追问："有几天了？"

汪国真想了想：“差不多一周了。”

母亲着急了，急忙带着汪国真去了北大医院。

事实上，母亲的决定是明智的。到医院进行急诊检查之后，医生果断地要求汪国真立即住院，因为他患的是黄疸性肝炎，而且所检查的各项指标都非常高，医生认为他很可能得了肝癌。这个消息几乎击垮了父亲和母亲，安排好住院的事情以后，两位老人已经乱了阵脚。躺在病床上的汪国真身体十分虚弱，他从父母的神情中已经感受到了这次病的非同寻常，再三追问，才知道医生怀疑他患上了肝癌。

肝癌？这个原本对汪国真来说十分陌生的名词，这一刻已经成为足以剥夺他生命的杀手。在这之前，43岁的汪国真从未想过死亡。谁又会在这个年龄想到死亡呢？刚刚步入中年的汪国真，正值人生的大好年华，几乎每年都有诗集问世，书法作品的影响也日渐广泛，这都激励着他充满信心地要在文学艺术之路上再创新的辉煌。却不曾想，他在这时竟患上了肝癌。汪国真知道，癌症，无疑是绝症，将要夺去他的生命。他该如何面对死神呢？病床上的汪国真无法入睡，虽然病痛的折磨令他十分痛苦，他也知道需要休息，但一闭上眼，却忍不住胡思乱想，因为还有好多事没有做，就仓促地到了中年，到了中年却又仓促地邂逅了死神。他写下了《仓促地到了中年》——

　　像被河水冲刷的船，你仓促地到了中年，体态、面容、眼神、心境都被盖上了中年的印戳。回头望去，乌飞蝉嗓、红枯绿瘦，青春已溜得不见踪影；向前看去，鹤发鸡皮、枯萎蹒跚正在逼近。

中年和正午有些相似：凝重、深邃、空旷，是生命曲线上的一个极点。站在这儿，来路一览无余，去路上能搅出的动静也大致不出其右了。人生像魔术师抖开了他的包袱，不会再有太多的神秘可言了。

人们赋予这个年龄的关键词是"成熟"，可生活仍会硌疼你：家人生病你担心，孩子不听话你生气，工作出错你沮丧，没钱了你发愁……只是你学会了警惕这些灰色霉菌，不再给它们发酵生长的机会了。

在你这个年龄，左手要拽着孩子，右手要搀着父母，你成了他们两边的家长，女儿刚踏进青春期，像一只迷乱的羔羊，背上还驮着10斤重的书包。她还那么脆弱，说话稍不对劲就会戳伤她。父母呢，个头缩得那么矮，走路一摇三晃的，你还忍心对他们发牢骚吗？爱人跟你一样，也在中年的河流上忙着捕捞。

所以，你得有自我疏通和修补的能力。你得维护你一贯的形象：大大咧咧，乐乐呵呵。这些年来，你受到岁月和生活的双重镂刻，内心也在不停地改变。沧海桑田，有的地方已经变硬了，有的地方却柔软了。从前你是树叶，环境是风，它一吹你就动。你跟着别人赶东赶西去上补习班，今天英语，明天文秘，后天管理，像猴子掰苞谷。宴会上硬着头皮喝酒，却让胃痉挛不止。你在外边温文尔雅，在家里龇牙咧嘴，长着一身倒刺。你只想让社会接纳你，却不清楚自己要什么。

那时，你生活的姿势是引颈远眺。上学的时候盼毕业；女儿小的时候巴不得她长大；工作的时候想退休；在乡野时憧憬都市，追到了都市又怀念乡野。总之真正的生活在山的那一边，而下巴颏儿下的生活不过是一段歌剧的序曲，一座港口的栈桥。现在你却后悔自己错过了好些生活。因为生命里的每一片草地、每一条溪流、每一块山丘都是只此一次的相遇。在日历被撕了一大半后你才学会了调整焦距，对准眼前。

于是，你能听进父母的唠叨了，愿意陪他们散步了，也知道了拉他们去吃这吃那。发了奖金不再直奔化妆品柜台，而是会给爱人买一双柔软的鞋子。你会带女儿奔到海边看一回大海，冲到上海去看一场 F1 比赛，在她最想圆某个梦而你又有能力的时候帮她圆了，因为梦也会凋谢。你学着把菜炒香，把汤熬得很鲜，你通过这些小事去传递爱。

你知道，也许过不了多久，今天还围着餐桌的父母将无踪可觅。女儿很快也会张开翅膀去寻找自己的天空。她将不会再每天一回家就拽着你的衣襟给你"播报"班上的新闻，也不会再往沙发上一躺，就把臭脚丫往你怀里塞了。幸福在流逝。

相应地，有的东西却在不经意间被抽离了。不再想通过变换外形修改自己了，自己接纳了自己不就等于让世界接纳了自己吗？

现在，你会把一件衣服穿好几年，把一部手机用到无法再用，你想在这套旧房子里一直住到老。越来越多的同事已经开着自己的车上下班了，你却干脆连班车也不坐，改成了跑步上下班。由此你获得了一种自由和力量，你依赖的东西原来很少，生存其实并不困难。生活就是这样，当你退到了潮流的边缘，潮流反而成了不相干的背景。

你也能和自己的工作和平相处了，不像以前那样蚂蚱似的在各个行当里乱跳了。因为你明白了无论什么工作，都像一块布，各有其细致明艳的正面，也有粗糙暗淡的背面。到了中年，生命已经流过了青春湍急的峡谷，来到了相对开阔之地，变得从容清澈起来。花儿谢了不必啼，还有果实呢。

汪国真生病的消息，父母最初没有告诉汪玉华，担心影响她的工作。因为怀疑是癌症，几天之后，父母将他住院的事告诉了女儿。汪玉华无论如何无法相信，一直充满激情的哥哥会患上癌症。不过，一家人并未因此放弃希望，毕竟是怀疑，还有一线希望。于是，一家人开始通过亲友帮忙寻找权威专家诊断，功夫不负有心人，终于得到了好消息，癌症的可能性被排除了。总算是有惊无险，一个多月的住院治疗以后，黄疸渐渐褪去，春节前夕，汪国真终于得以康复出院。但医生在诊断书里写下了医嘱，叮嘱汪国真出院后仍需定期检查。然而，或许是虚惊一场有所大意，或许是一直忙于事业，出院后的汪国真忽略了医生的嘱咐，并没有定期对肝部进行检查，为日后身体病变埋下了隐患。

1999 年，汪国真的生命曾经亮起了红灯

第十四章　深深父子情

经历过癌症误诊之事出院后的汪国真越发热爱生活，除了在事业上努力之外，对亲情友情更加珍惜、眷恋，特别是对渐渐长大的儿子，汪国真对他更加关心爱护与注重教育。

汪国真希望儿子把自己当成知心朋友，这样或许会有利于孩子的成长。的确，儿子有了烦恼，第一个就会想到他的爸爸。汪国真记得，儿子在小学的时候，有一天忽然坐到他的面前，像个大人一样，说："爸爸，我遇到了麻烦。"

汪国真真以为出了什么事，急忙问："是吗？快说说看，是什么麻烦？"

原来，儿子和大院里邻居家的小伙伴小明和小军是好朋友，他们一起做游戏、一起上学，形影不离。不过，就在不久前，小明和小军有了矛盾，而且他们都和小汪说，上学时和自己一起走，不要和对方一起走。汪国真听了后，心里笑了，问："你说的麻烦就是这件事吗？"

儿子一脸严肃："是啊，就是这件事。如果我和小明一起走，小军就会不高兴；如果我和小军一起走，小明又会不高兴。这还不够麻烦吗？"

汪国真看着儿子，也严肃地问："你考虑过他们产生矛盾的原因吗？"

儿子点点头："小明过生日的时候，他的爸爸给他买了一个好玩的玩具，是一架遥控飞机。院子里的小朋友都想玩，所以小明让我们轮流玩。我和小军都是小明最好的朋友，可是他却给我们玩的时间很短，让其他小朋友玩的时间长，所以小军就生气了。"

汪国真听了，给儿子出主意："他们都是你的好朋友，你可以想办法让他们和好呀。"

儿子一脸不解。

汪国真继续说："你可以帮助小明向小军解释，因为他们是最好的朋友，在一起的时间会有很多，所以才让其他小朋友多玩了一会儿；你也帮助小军向小明解释，小军以为好朋友应当玩得时间长一些，他生气了，正说明他很在意两个人的关系。"

听了汪国真的话，儿子连连点头，笑着就跑了出去。晚上回来时，儿子来到爸爸身边，颇神秘地告诉汪国真："你真棒，他们和好了。"

汪国真看着儿子一本正经的样子，笑了。

儿子一天天长大着，可汪国真还是会想起儿子幼年时睁着大眼睛的乖巧样。看着儿子，汪国真有时会想起自己的童年。他觉得，自己应该感谢家庭，家庭是自己的第一所学校，父亲和母亲教会了自己如何认知世界，学会了善良、孝顺、负责，懂得尊重人、理解人、关心人、爱护人、帮助人。这样的教育在一个孩子的内心扎了根，是一生都无法泯灭的精神财富。

汪国真想起了一件往事。

1976 年 10 月，是汪国真记事之后第一次回他的老家厦门。虽然出生、成长于北京，但厦门却是他一直魂牵梦萦的地方。熟读历史的汪国真知道，厦门建市的历史并不长，据明万历《泉州府志》和清道光《厦门志》记载，明洪武二十七年（1394），江夏侯周德兴筑厦门，距今600 余年。汪国真的父母就出生在这座历史并不算久但却美丽、幽雅的南方城市。

那一次，尚在北京第三光学仪器厂做工人的汪国真是跟随母亲一起回厦门的。他们先乘坐火车抵达广州，看望从马来西亚回国的外祖父。停留几天后，他和母亲坐上长途汽车去了厦门。那是汪国真第一次亲眼见到父母眼中描述的美丽的厦门，不仅有现代化建筑，还有海浪、沙滩、船帆和白鸥……于是，汪国真的笔下有了一篇《小城》——

> 小城在梦里
> 小城是故乡
> 小城的石径弯弯
> 小城的巷子长长
>
> 小城没有
> 烟囱长长的叹息
> 小城没有
> 声音汹涌的波浪

小城的旋律是潺潺的

小城的空气是蓝蓝的

小城是一位绣花女

小城是一个卖鱼郎

汪国真喜欢厦门的海，于是有了笔下的《海边的遐思》——

一排排涌浪涤荡着心头的尘埃，灵感被浪涛击伤，裸露着一片苍白。时间满面晦暗，没有了往日的神气、今日的风采，我的眼睛，久久驻扎在流逝的过去与遥远的未来。

翩飞的海鸥无忧无虑地拍打船舷撞击胸口，如果飞翔便是价值便是愉悦，又何必向看着你的人解释表白。人类总觉得光阴苦短道路漫长，世世代代不知有多少英雄豪杰仰首问苍穹：生命为什么不能飞起来？

恋人们留恋沙滩仿佛当年战士钟情炮台，一枚枚在这里枯萎的贝壳，却烂漫在千里之外。瞧：人类有多贪心，来一趟海边却想捎走一个大海，可谁不是期望自己的视野里，总是满目葱茏一脉青黛。

妇女们平静地用银梭编织着海里惊心动魄的故事，搁浅岸边的斑驳古船，只能靠回忆享受出征的辉煌大海的澎湃。呜咽的螺号是波涛上最动听的音乐，蔚蓝的情愫穿过世纪之门响彻千秋万代。

身后的城市，仿佛是一座幕起又幕落的舞台，最出色的演员不在舞台上而在生活中，不知这是不是人生的幸事和艺术的悲哀。

　　看海与出海真是两种生活两种境界，一种是把眼睛给了海，一种是把生命给了海。如果心胸不似海又怎样干海一样的事业，如果心胸真似海任何事业岂不又失去了光彩……

汪国真太喜欢厦门了。这里风光旖旎，恬淡而安静。厦门经常会下小雨，但细细的小雨并不会湿透衣襟，反而平添了一份浪漫。汪国真有时想，如果不是父母在北京工作生活，他甚至有一种冲动，到厦门生活、创作，或许南方城市的独特气息会激发他创作出更多好的作品。不过，汪国真对父母的孝顺是有目共睹的，在南方生活只是他的理想，现实中，除了为工作去外地奔忙，他都会守候在北京，守候在父母的身旁。汪国真想将自己对父母的这份孝心传给儿子，让他明晓"百善孝为先"的道理。

儿子在郑州读中学的时候，和许多同龄的孩子一样，迷恋上了网络游戏，有时候就会和同学们泡在网吧里，很晚才回家，严重的时候甚至到了夜不归宿的程度。远在北京的汪国真听说了这个情况，便抽出时间去了郑州。碰巧的是，汪国真抵达郑州的那一天，儿子又去网吧了，直到很晚还没有回家。汪国真有些等不及了，向孩子的姥姥问清了网吧的位置，便找了过去。

几经周折，汪国真终于找到了那间位于一个巷子里的网吧。他走进去，虽然已是深夜，却看见几乎每个位置上都坐着痴迷于游戏世界的大孩子们。很快，汪国真发现了自己的儿子，正聚精会神地坐在角落处的一台计算机前，挪动着鼠标，把控着虚拟世界里的战斗。当他发现身旁站了一个人的时候，甚至不愿意抬头看，直到听出是父亲在喊他，才诧异地抬起头，看着面带威严的汪国真。

父子俩走出了网吧。儿子走在父亲身旁，低着头，大气也不敢出。他预感到暴风雨就要来临，但没想到的是，父亲并没有说他，静静地走着，带着他走进了夜色中依旧营业的麦当劳。汪国真为儿子买了汉堡包和饮料，儿子忐忑地看着父亲，见父亲将餐盘推到他面前，便不再害怕，大口地吃了起来，在网吧里鏖战后的饥饿一下子就显现了出来。汪国真看着儿子，既担忧又心疼，见儿子已经没有了刚见到自己时的胆怯，才语重心长地教导儿子，说："我们先不说迷恋游戏对不对，先说说做人。做人首先是不能给别人添麻烦，做任何事情都要考虑别人的感受，不能由着自己的性子来。你姥姥有个习惯，每天晚上你不回家，她就不睡觉，一定要等你回来。你夜不归宿，就是在给你姥姥添麻烦，就是不孝，爸爸平生最看不起的就是这种人。"

汪国真说话的语气很轻，但分量却很重。一直低着头的儿子原本以为父亲会像其他孩子的家长一样，狠狠地骂自己，甚至会打自己一顿，但此时父亲的话却比骂他、打他还能令他有所感悟。他只是贪玩，却一直没有想过顾及家人的感受，父亲的一席话不禁令他十分后悔，慢慢抬起头，对父亲说："爸爸，我错了。"汪国真笑了，没有再责怪儿子，因为他知道，孩子已经理解了父亲的教诲。

事实上，生活中的汪国真一直在以身作则，通过言传身教塑造着儿子的品性，其中重要的一个方面，就是着力培养儿子节俭朴素、努力上进的品格。

　　生活中的汪国真一直追求简单朴素，从不青睐奢侈品，同样，他也不希望自己的儿子注重奢华，失去本真。不过，小孩子怎么会懂得那么厚重的道理。儿子读小学一年级时，无论家里给他买什么东西，他都不会有任何挑剔。但到了二年级，因为受到同学的影响，他开始有了攀比心理。汪国真自然感受到了儿子心态上的变化，因为从儿子的言语中，他感受到了儿子对一些同学拥有的名牌服装、国外带来的礼物都很在意。看到这种情况，汪国真并没有刻意去讲大道理，他不想因为空泛的道理让孩子产生逆反，而是准备寻找合适的机会，引导儿子建立正确的价值观。

　　终于，机会来了。忽然有一天，儿子告诉爸爸，班里其他同学穿的都是名牌运动鞋，只有他的不是，所以想让爸爸给他买一双阿迪达斯的运动鞋。汪国真听了，并没有拒绝儿子，而是答应了他的要求，但是父亲也是有条件的，他对儿子说："爸爸可以给你买名牌运动鞋，但需要你用劳动来获得。如果你同意在家里洗半个月的碗，拖半个月的地，爸爸明天就可以给你买。"

　　听了爸爸的话，儿子兴奋极了，他并不逃避劳动，为了得到运动鞋，爽快地答应了。

　　第二天，汪国真就带着儿子去了商场，给他买了一双阿迪达斯的运动鞋。心愿得到满足的儿子穿上了新鞋子，分外高兴，自然没忘记履行对父亲的承诺。就这样，汪国真通过生活中的小事，教育儿子学会通过劳动去获取的道理。因为儿子会渐渐长大，他就会明白，世界上没有不劳而获，要用劳动去争取；有时即使付出了劳动，也许旅途上也不是一帆风顺，但《磨难使人优秀》——

磨难使人优秀
那种顽强的品质
只有经历了才有

雨落下来了
等一等
就到了天晴的时候

雪飘下来了
朋友们呵
我们什么时候去春游

汪国真还告诉儿子，再好的名牌也只是人的陪衬。儿子不解，忽然有一天，汪国真告诉儿子，要带他去参加一个活动。那是在北京王府井新华书店举行的一场活动，汪国真带着儿子走进书店时，只见里面已经排起了长队，从活动场地的桌子一直延伸到数十米外，购书通道上都站满了人。儿子好奇地问汪国真："这是什么活动啊？怎么会有这么多人在等？"

这次的活动正是为汪国真新近出版的一本诗集举行的签售会，但他并没有提前告诉儿子，现在儿子问起来，他只是神秘地一笑，说："一会儿你就知道了。"

　　儿子目送着汪国真穿过人群走向了活动场地，他很意外地看到，父亲竟被工作人员安排坐在了场地最中心的位置，很显然，父亲就是今天活动的主角。随后，人群里爆发出了热烈的掌声，汪国真站了起来，向读者纷纷致意。儿子忍不住带着诧异的目光仔细看了看会场，这才发现场地里挂着的正是父亲新诗集的封面图片，而被读者队伍遮挡的海报上，写的是欢迎诗人汪国真现场签售会。儿子看向汪国真时，汪国真正微笑着看着人群里的儿子。儿子恍然大悟，自己的父亲衣着朴素，浑身上下没有一件名牌，可是，他却依旧受到大家的尊敬。他的面前排着长队，读者们拿着他的书，恭恭敬敬地请他签名，还不忘和他合影留念……

　　汪国真给儿子上了一堂极为生动的教育课，那之后，他欣喜地看到，儿子放下了攀比心，将更多精力用在了学习上。后来，汪国真曾创作了一首名为《何光能胜　奋斗之光》的诗，他相信，儿子读到这首诗时一定会深有感悟——

　　　　或是因为深刻

　　　　或是因为思想

　　　　或是因为创造

　　　　或是因为高尚

　　　　或是因为改变历史进程

　　或是因为造福社稷　功德无量

　　总有一些人

　　闪烁在人类历史的星空上

　　是啊

　　这名牌　那名牌

　　何牌能比　自身就是名牌

　　这闪光　那闪光

　　何光能胜　奋斗之光

　　儿子出生的时候，汪国真已是红遍全国的诗人。儿子从记事时起，总是能看到父亲伏案写作的身影。他看到过父亲被诗迷追捧签名时的光鲜，但也了解父亲在文学路上"爬格子"的艰辛，然而，他却喜欢上了写作。小学时，他的作文就经常被老师当作范文在课堂上朗读。当儿子充满自豪地把这样的消息告诉父亲时，汪国真虽然给予着鼓励，但内心却也充满担忧，因为作为在文学路上经历过落寞与辉煌的过来人，他很清楚文学路上的艰辛。汪国真曾写下一篇短文，诠释了诗人眼中的《诗歌》——

　　我有一个愿望：在我年轻的时候，我是属于诗的；当我年老的时候，诗是属于我的。

在文学样式中，诗是最不可译的，你可以译出它的意思，却很难译出它的神韵。

表达同一个意思，一般人说三句，小说家说两句，而诗人只说一句。

自古以来，太优秀的诗，往往出自太忧郁的心。先逢绝境，后出绝唱。

对于诗人来说，诗歌是文学中的文学；对于一般人来说，诗歌是文学外的文学。

灵感是风，在它所过之处，总会飘落些许美丽的诗的花瓣。

幸运的诗人，多有不幸的经历。

我从一首首美丽的诗篇中，常常读到的是一个个受着煎熬的灵魂。

如果我的生活是一首诗，我宁肯不写诗。正因为愈是得不到的东西便愈想得到，我才写起诗来。

写诗和为人一样，贵在自然。

故弄玄虚的诗和装腔作势的人一样，令我感到厌恶。

语言，是思想的交流；诗歌，是灵魂的对话。

诗是属于青年的。如果身为青年而不喜欢诗，这真乃人生一大遗憾。

对我来说，读好诗如品香茗，不但解渴，而且惬意。

这个年头，好诗之所以很少的原因之一，或许不是因为诗人太少，而是因为诗人太多。

虽然文学路艰辛，但爱好是前行最好的动力，汪国真并没有干涉儿子的选择。不过，儿子进入高中以后，因爱好文学对学习产生了影响。汪国真记得，高二的下学期，学校的老师向他反映，儿子的学习成绩在最近一段时间不是很稳定，感觉精力并没有全部放在学习上，不知道是不是因为什么事分了心，希望家长多些沟通。为了这件事，汪国真和儿子有了一次促膝长谈。

汪国真看着儿子，问："最近学习上是不是分了神？"

儿子却说："我没做坏事。"

汪国真笑了："我怎么会不相信你呢？只是想知道你在做什么？"

儿子说："我构思了一部小说，想要把它写出来。"

汪国真听了，沉默了一会儿，并没有责怪儿子，而是语重心长地说："人的一生需要做的事情会有很多，重要的是要在对的时间做对的事。对很多年轻人来说，考上大学是一个比较好的成材途径，你现在处在最关键的时期，只有现在努力学习，才有可能考上一所理想的大学。我觉得，文学梦在人生的各个阶段都可以去追求，但人生有大目标，也有近期目标，做事也要分清轻重缓急。写小说的事情可以缓一缓，经过时间的沉淀，你的构思可能会更成熟。"

正是父亲的谆谆教诲，才使高中时期因为文学爱好而影响学习的儿子迅速调整了方向，将全部精力放在了学习上。当高考即将来临时，这个孩子已经胸有成竹，迎接人生最重要的时刻。不过，让很多亲友颇感意外的是，一直怀揣着文学梦想的孩子，在填写高考志愿时，并没有选择与文学有关的专业，而是报考了河南大学工商管理学院市场经济专业。面对儿子的选择，汪国真并没有多加干涉，只是郑重地对儿子说："诗人的儿子不一定也要写诗。你的人生道路是需要你自己来选择的，只要你无怨无悔。"

儿子如愿走入了大学殿堂，看着他走进校园，汪国真的眼中充满深情。文学路外的儿子，汪国真无法规划他的未来，心里除了期许，更多的是祝愿："作为父亲，我只是希望儿子不要甘于平庸，至于能做到什么程度，他没有必要太勉强自己，只要志向和爱好结合起来就很好，重要的是过程，不是结果。"

2014 年，汪国真在《新快报》"一封家书"栏目中以一首《写给儿子的话》寄语儿子，字字句句，透露着深沉而厚重的父爱——

过去已成为历史

重要的是如何去写未来的日志

逝去了的会是一种暗示
它会影响却不能决定
你怎样写就明天的故事

生活不会是迎风招展的花枝
你将历尽艰辛
才能拿到开启成功之门的钥匙

去建一座美丽的城市
证明自己是最富有创意的设计师

汪国真的笑容令人温暖

汪国真享受垂钓生活

汪国真绘画作品《坚劲》

汪国真为热情的青年读者签名

第十五章　音乐是人生的新维度

2000 年，汪国真收获了意外的喜悦，他有五篇散文入选人民教育出版社出版的全日制普通高级中学《语文》课本中。在汪国真看来，入选高中《语文》课本对作者的肯定甚至超越了诗集的出版或者文学期刊的发表，因为他很清楚"课本"两个字的分量。它不仅是教师教育学生的蓝本，也是师生进行教学互动不可缺少的工具，因此，教育部门收录在《语文》课本中的文章，一定是经过层层筛选、慎之又慎选择后的结果，目的是让全国各地的学子通过对语文课本的学习，不仅能够系统地掌握文学知识，更能启迪美好的情感、陶冶美丽的情操，从而树立正确的、科学的价值观、人生观和世界观。如此看来，他的五篇散文一定是符合了教育部门严格的筛选标准，既优美又传达了正能量，才得以成为《语文》课本里构建学生积极向上的精神世界的优秀散文。

《语文》课本中收录的汪国真的五篇散文分别是《雨的随想》《海边的遐思》《我喜欢出发》《平凡的魅力》和《友情是相知》。可以说，这五篇散文都是角度各异的佳作。一篇好文章，足以影响一个学子的一生。汪国真反复诵读自己的这些作品，内心的自豪感油然而生。一个将自己对世界的感悟落诸笔端的作家，影响的不仅仅是普通读者，还有祖国未来的花朵,这是多么厚重的社会责任啊!

五篇散文中的《雨的随想》,简短生动,朗朗上口,交融着雨的韵味与心境的微妙,回味无穷——

有时,外面下着雨心却晴着;又有时,外面晴着心却下着雨。世界上许多东西在对比中让你品味。心晴的时候,雨也是晴;心雨的时候,晴也是雨。

不过,无论怎么样的故事,一逢上下雨便难忘。雨有一种神奇,它能弥漫成一种情调,浸润成一种氛围,镌刻成一种记忆。当然,有时也能瓢泼成一种灾难。

春天的风沙,夏天的溽闷,秋天的干燥,都使人们祈盼着下雨。一场雨还能使空气清新许多,街道明亮许多,"春雨贵如油",对雨的渴盼不独农人有。

有雨的时候既没有太阳也没有月亮,人们却多不以为然。或许因为有雨的季节气候不太冷,让太阳一边凉快会儿也好。有雨的夜晚则另有一番月夜所没有的韵味。有时不由让人想起李商隐"何当共剪西窗烛,却话巴山夜雨时"的名句。

在小雨中漫步,更有一番难得的惬意。听着雨水轻轻叩击大叶杨或梧桐树那阔大的叶片时沙沙的声响,那种滋润到心底的美妙,即便是理查德·克莱德曼钢琴下流淌出来的《秋日私语》般雅致的旋律也难以比拟。大自然鬼斧神工般的造化,真是无与伦比。

一对恋人走在小巷里,那情景再寻常不过。但下雨天手中魔术般多了一把淡蓝色的小伞，身上多了件米黄色的风衣，那效果便又截然不同。一眼望去，雨中的年轻是一幅耐读的图画。

在北方，一年 365 天中，有雨的日子并不很多。于是若逢上一天，有雨如诗或者有诗如雨，便觉得奇好。

2001 年，汪国真的诗作《旅程》入选人民教育出版社出版的义务教育课本标准实验教科书《语文》七年级上册。2003 年，他的另一篇诗作《热爱生命》入选语文出版社出版的义务教育课程标准实验教科书《语文》九年级下册。《热爱生命》是诗人的成名作，而《旅程》则是一篇平实而真诚，却又富含哲理的小诗——

意志倒下了
生命也就不再屹立
歪歪斜斜的身影
又怎耐得
秋风萧瑟　晚来风急

垂下头颅
只是为了让思想扬起
你若有一个不屈的灵魂
脚下
就会有一片坚实的土地

　　无论走向何方

　　都会有无数双眼睛跟随着你

　　从别人那里

　　我们认识了自己

　　如果因为成功就停滞不前，那一定不是汪国真。汪国真曾经说过：
"前面的路上还有许多风景，不要耽搁，快迈出生活的步伐。"在文学、
书画艺术相继得到社会认可之后，汪国真又开始了音乐领域的尝试。在
他看来，诗、书、画、曲不仅是古代文人必备的素养，而且诗歌与音乐
本身就是伴侣，诗歌是精神的田园，音乐是情感的共鸣，相辅相成，意
境唯美。不过，尽管自己的许多诗歌作品都曾被作曲家青睐，他也听过
他的诗被谱上曲子的歌，但真正要自己担任作曲，却是一次从零起步的
尝试。仅仅在小时候拉过手风琴的汪国真开始自学钢琴，也开始练习用
计算机谱曲。他将音乐当作人生的一个新维度，从 2000 年开始，在研
究、摸索、尝试的反复中，锤炼着自己对音乐的理解。

　　成果在努力中不断显现。他不仅给自己的诗词作曲，还挑选唐诗
宋词来谱曲，短短一年多时间，作品已达数十首。2001 年秋季的一天，
就在国家图书馆音乐厅，一场"时尚风暴·新诗朗诵＆流行音乐会"热
烈异常。这次由中央人民广播电台、《文化月刊》、《中外生活广场》杂
志社等机构联合主办的活动，不仅有多位诗人登台朗诵自己的经典作
品，而且，最令观众们兴奋不已的是，他们见到了当年开启"汪国真

年"的著名诗人汪国真，只是今天的活动并不仅仅是诗歌的分享会，观众还第一次聆听到了汪国真的音乐作品——由中国空军蓝天情合唱团演唱的《踏莎行·锦绣山河》。音乐会结束的时候，汪国真走上舞台，无比热烈的掌声让他感受到了观众的认可，而这不单纯是对他的诗歌的认可，自然还有他的音乐。这次音乐会的范围虽然不大，但却给了汪国真检验自己作品的机会，最大的收获便是来自观众的认可，给尚在音乐创作路上摸索的诗人以极大信心，带着更大的激情投入新的创作。此后，汪国真的音乐作品数量不断增多，虽然很多都是探索之作，并未有机会与听众见面。这些音乐作品与汪国真的诗歌一样，都是他孕育的果实，饱含着诗人的深情。

2002 年的一次聚会上，汪国真饶有兴趣地向同桌的朋友们介绍着他在作曲领域的探索："唐诗宋词是中国文化的瑰宝，也是陶冶中国人性情的最好的教材。如果能给唐诗宋词谱上曲，让街头巷尾的老百姓随意哼唱，那么，它所产生的影响是不可估量的。所以，我目前的主要精力都放在为唐诗宋词作曲的工作上。"

众人听了汪国真的介绍，纷纷赞叹不已，不过也有人担心这项工程太过巨大，无法顺利完成。

汪国真听了，淡淡地笑了笑，说："千里之行始于足下，我就一步一步来吧。"

坐在席间的一个新朋友忽然来到汪国真的身边，自我介绍说："汪老师，您好，我是中国国际广播出版社的李晓琤，您的想法太吸引人了，我特别想听一听您作的曲子。"

　　汪国真接过对方的名片，才知道面前的朋友正是中国国际广播出版社中文编辑部的主任。听过他说的话，汪国真很认真地回答说："真不巧，我今天没有带在身上，不过我有了你的联系方式，我想办法把音乐送给你。"

　　李晓铮原本以为，一直被出版社竞相追逐的著名诗人汪国真只是在敷衍他，但没有想到的是，几天过后，汪国真竟真的委托朋友将他创作的几首唐诗宋词的曲谱和一盘磁带送了过来。随即，李晓铮认真翻看了曲谱，听着录音机放出的与曲谱相对应的音乐，内心深受触动。他没有想到，一个著名的诗人竟然如此多才多艺，当真谱出了动听的曲子。他可以感受到，汪国真以诗人的情怀与独特的感悟诠释了古典诗词特有的意境，高雅、平易，令人回味无穷。于是，李晓铮萌生了将汪国真的诗词、书画、歌曲结集出版的想法。不过，他并没有急于和诗人沟通，而是先对汪国真音乐作品的优劣进行了调研。

　　李晓铮调研的对象都是音乐界听过汪国真作品的专家。山西音乐家协会主席郝综纲欣赏过汪国真作词作曲的《华夏颂》，认为歌词写得很有深度，表现了各个历史时期重大的历史事件，选材十分准确，旋律也很流畅，十分上口，特别是童声合唱的旋律极有特点，而整个组歌的框架布局也很独特。歌手丹尼演唱过汪国真作曲的两首唐诗宋词歌曲作品，她的老师、著名女歌唱家德德玛听过之后评价说，旋律写得好，有难得的创新意识……

　　显然，专家们对汪国真的音乐作品给予的肯定，也使李晓铮坚定了出版的决心。2003 年 1 月，中国国际广播出版社正式推出了《又见汪国真——汪国真诗文、书画、歌曲作品选》一书。可以说，这是全面展现汪国真艺术才华的一本书，书中不仅收有汪国真的诗歌、散文、短语、文论，还收有他的书法与绘画，更在书中收录了带有曲谱的48首歌曲，第一次以图书的形式关注到了汪国真的音乐作品。

《又见汪国真——汪国真诗文、书画、歌曲作品选》图书出版后，汪国真一边积极创作，一边积极寻找机会，想从他的音乐作品中精选出佳作，出版一个音乐专辑，以送给喜欢他的诗也喜欢他的音乐的朋友们。

这个机会很快就来了。

2003年初夏的一天，在北京电影制片厂附近的一家录音棚内，汪国真刚刚录制完一首不久前谱写好的曲子，便带着音乐小样匆匆离开了。他是去赴一个既定的约会，见面的对象是来自山西省方山县北武当山旅游景区的负责人刘乃顺。对于北武当山，汪国真并不陌生。这座位于吕梁山脉中段的奇山，古称龙王山，由72峰、36崖、24涧组成，素有"三晋第一名山"之称，是我国北方道教圣地之一，集"雄、奇、险、秀"于一身。景区负责人这次专程来京拜访汪国真的目的，其实正是为了扩大北武当山的知名度而来，希望邀请汪国真专程前往北武当山，为景区创作诗词和书法。不过，出乎汪国真意料的是，这次创作邀请，却在闲谈中促成了他第一张音乐专辑的出版。

原来，两人在闲聊的时候，汪国真告诉刘乃顺，自己刚刚是从录音棚赶过来的。刘乃顺很好奇，不禁问："是去听朋友录制歌曲吗？"

汪国真一听，一下子笑了，解释说："是录我刚刚写完的一个曲子。"

刘乃顺十分诧异地问："汪老师，您也会写曲子？"

汪国真点点头，也不多解释，问："我们听一听这个刚录的曲子？是一首舞曲。"

刘乃顺充满期待，连忙点头。

不一会儿，音乐声响起，婉转而轻快，富含节奏感。刘乃顺忍不住大加赞叹："真没想到，您还是位优秀的作曲家，是我们有些孤陋寡闻了。"

汪国真笑了："不是您孤陋寡闻，是因为我到目前为止还没有出版过音乐专辑。"

刘乃顺若有所思，忽然提议说："刚才的舞曲我很喜欢。如果由我们资助，不知您是否愿意出版一张您作曲的舞曲专辑呢？"

就这样，2003 年 10 月，中国音乐家音像出版社正式推出了汪国真第一张音乐专辑，名为《听悟汪国真——幸福的名字叫永远》，发行量高达 1 万张。

这张专辑共包含 12 首舞曲，分别是《为中国喝彩》《想西北》《枫桥夜泊》《别令江南冷》《假日圆舞曲》《妙龄时光》《夕照春风》《欢乐圆舞曲》《相识总是那么美丽》《红飘带》《思念是雨》《幸福的名字叫永远》，曲风则包括慢三、慢四、快三、快四、伦巴、探戈等。可以说，这些曲子是汪国真从以往创作的近百首音乐作品中精挑细选出来的，代表了他的专业水准。曲子的词作者各不相同，有的是汪国真亲自创作的词，有的词是唐诗，还有的词则是汪国真的朋友创作的。

12 首舞曲中，汪国真最喜欢的是《别令江南冷》——

　　　树摇窗影，

　　　别令江南冷。

　　　绿水青山四时景，

　　　顿教无言泪哽。

　　　人生一瞬百年，

　　　哪堪去去还还。

　　　不论漂泊何地，

　　　只祈如水如船。

　　汪国真是这首舞曲的词曲作者，无论是词还是音乐，都饱含着他的真情实感，呈现的是冷冷的离愁别绪。汪国真说："这跟我以前的感情经历有些关系。我原来是在南方上大学，但是我的第一个女朋友是在北京，不能够经常在一起。我们分别的时候，本来江南应该是温暖的，但心境却很萧瑟。因为心境，江南仿佛已经变得冷了。"

　　《听悟汪国真——幸福的名字叫永远》的专辑还附赠了《汪国真诗文书画作品选》，封底则以《华北第一名山》为题介绍了北武当山，作为对资助方的回报。这次愉快的接触为日后他们的再次合作打下了基础，2006 年，汪国真和北武当山旅游景区再次推出《名家歌颂北武当》音乐专辑，与第一次歌曲内容与北武当山没有关联不同，这张新专辑的12 首曲子都是围绕北武当展开，其中就有词曲都是汪国真创作的《北武当，梦的家乡》——

　　　　心儿在岁月里流浪

　　　　寻觅可以安家的地方

　　　　鸟儿在时光中飞翔

　　　　找寻哪里是栖息的方向

　　　　它们不约而同来到这里

　　　　北武当　北武当　北武当

　　　　北武当山在吕梁

　　　　这里的山峰比天高

　　　　这里的草原在天上

　　　　这里的人在云中走

　　　　这里的瀑布从天降

　　　　哎　北武当

　　　　北武当就像小西藏

　　　　这里的森林像海洋

　　　　这里的花草像海浪

　　　　这里的牦牛像云朵

　　　　这里的风光似天堂

　　　　哎　北武当

北武当就像小西藏

北武当　北武当

北武当山在吕梁

北武当　北武当

北武当是梦的家乡　梦的家乡

《名家歌颂北武当》音乐专辑推出后，取得了良好的社会反响。汪国真一直觉得，歌曲是宣传旅游与文化的一种非常好的文艺形式，投资少、见效快、宣传广。他甚至有一个宏伟的计划，称为"歌遍中国"，在未来，他努力将自己的足迹留在越来越多的省份和景区，每到一座城市或旅游景区，就为它写上一首歌，将地域的文化融合在歌里，将地方的乐器如陕西唢呐、云南芦笙、新疆冬不拉等融合在曲里。歌曲的词不一定是自己写，但作曲一定是汪国真。这是诗人作曲家的梦想，既对城市或旅游景区有益，也使欣赏者以一种喜闻乐见的文艺形式获得了对旅游文化的认知。

2003年12月至2004年1月间，汪国真应邀连续四期担任中央电视台《音乐擂台》歌手比赛评委，这是他第一次以作曲家身份出任评委。

2004年4月，汪国真再接再厉，在民族出版社编辑龚黔兰的邀约下，从他为唐诗宋词谱曲的作品中遴选了80首小学生必修的古诗词曲谱作为出版的内容，并配合曲谱出版音乐CD，正式推出了《小学生必修 80 首古诗词曲谱》。

2005 年，受景区邀请，汪国真为位于河南省焦作市修武县的云台山作词作曲……

尽管汪国真已经在音乐领域取得了斐然成绩，但他依然勤奋，依旧谦虚。汪国真说："我觉得我现在叫音乐人比较合适，因为我觉得作曲家要有更多作品、更丰富的音乐理论。我还到不了这个程度，只是在很多种场合，人们听到我的歌比较喜欢。"

汪国真在活动中致辞

第十六章　假新闻风波

汪国真也有烦恼的时候。

一天，一个风尘仆仆的中年男人敲响了他家的门。

汪国真以为他也是一位拥趸，如同对其他寻上门来的热情读者一般，微笑着问："我是汪国真，你找我有什么事吗？"

然而，汪国真没有想到的是，那个男子并不是一个普通的读者，只见他满脸怒气，气急败坏地告诉他："你的诗集中有很多首诗都是抄袭我的，这是一种严重的剽窃行为！你是诗贼，我要控告你！"

汪国真听了，一时如堕五里雾中。他心里很清楚，所有的诗都是他有感而发的原创作品。成名多年来，即使有别有用心的讥评，却从不曾遇到过指责他抄袭的事。汪国真接过那个男人从沾满汗渍的大背包里拿出的那本他的诗集《年轻的潮》，只见诗集的封面因为长期翻看已变得油油的，边沿也卷了起来。汪国真将诗集翻开，他发现，每一页上都布满了勾画的黑圈圈，还有用歪歪扭扭的字迹写下的"眉批"。汪国真仔细看那些圈圈对应的"眉批"，内容却与诗的写作无关，写的都是一些莫名其妙的革命口号。汪国真心里有数，淡淡地对那个男人说："我想你是搞错了，我的诗都是自己写的。"

那个男人听了，却不依不饶，愤愤地大声说："没想到现在的文坛竟然剽窃成风，我要召开新闻发布会揭露你的'丑闻'，你一定要给我一个说法！"

此时，听到声响出来的邻居悄悄对汪国真说："他上门捣乱，您干脆报警把他抓起来得了。"汪国真虽然心中气愤，但还是忍住了怒火，平静地说："好吧，你给我留下地址，我考虑一下，然后给你一个说法。"这样，这个男人才离开了汪国真的家。

汪国真看着男人离开的背影心里泛起了琢磨，虽然自己的诗歌根本没有抄袭，但也不能任由这个陌生人胡闹，混淆了视听啊！无奈之下，汪国真给在媒体工作的好友京梅打去了电话。1990 年 8 月，在媒体工作的京梅因为采访关系结识了声名鹊起的汪国真，虽然那篇专访最终并没有付诸笔端，但他们却有缘成为朋友。第二年，华艺出版社准备出版一本汪国真诗文赏析的作品，在汪国真的提议下，京梅成为编著者，也便有了《年轻的温馨：汪国真诗文 150 篇赏析》一书的问世。如今，听了汪国真的叙述，京梅不禁哑然失笑："你理他干吗，肯定是个精神病！"

汪国真却摇摇头，十分认真地说："这个人逻辑很清楚，不像个病人。我气极了，骂了他一句'神经病'，他义正词严地说：'你不要侮辱我的人格！'你说怎么办？总不能让他这么闹下去！要不开个新闻发布会，请媒体当面命题，我跟他来现场比对……"

于是，京梅约上几位媒体和出版界的朋友，陪同汪国真一起去找那个人。在新街口附近一条胡同中的一个小旅店里，一行人见到了那个男人。他手中一直紧握一个厚厚的本子，正是他所说的由他创作的"诗集"。面对众人，他依旧宣称汪国真抄袭了他的诗，在激辩声中，京梅翻开了那本"诗集"，他的第一篇"大作"便映入了眼帘："床前明月光，疑是地上霜。举头望明月，低头思故乡。"

汪国真将这段经历收藏在记忆里，虽然并不想再遇到，但已然发生，权当文学路上一段充满趣味的小插曲。

有时，汪国真会感叹时光走得太快，不知不觉中，就已在忙碌中流逝。

他写下了一篇散文，名为《时间》——

人似乎不能太忙碌，太忙碌了，便会觉得时光短暂得可怕。人似乎也不能太悠闲，太悠闲了，便会觉得光阴漫长得无聊。

对于生命来说，时间是最无情的；对于历史来说，时间是最有情的。

对于个人的悲哀来说，时间恰似高明的医生；对于民族的创伤而言，时间倒像个庸医。

青春，是生命中最美好的时光；

爱情，是青春中最美好的时光；

初恋，是爱情中最美好的时光；

不论做什么事情，在时间的选择上都有一个最佳点。

把本应昨天做的事情放到今天来做，叫作失时；把应该明天做的事情放到今天来做，叫作失察。

失时的结果往往是坐失良机，失察的结果常常是欲速则不达。

有句名言：时间就是金钱。

然而，长寿者未必富有，短命者未必贫穷。这是有关时间的一个悖论。

即使你一无所有，只要拥有时间就够了，时间能够创造一切。

因此，只要拥有时间，无论身陷怎样的逆境，你都没有理由太过悲观。

如果说，空间总是不那么公正，那么，时间总是相当公正的。

我们能够挽留住朋友，却不能够挽留住时间。既然时间如滚滚东流的江水不可挽留，那么最好的选择，就是乘上船儿和时间一起走。

在转瞬即逝的时光里，汪国真一直在追求，一直在事业路上努力向前。距离刚刚成名的时候，已经过去了十几年，但作为诗人，他仍然是成功的，因为他的诗集总是不断出版、再版，而盗版更是疯狂肆虐，无论正版或是盗版，说明读者依旧喜欢他的诗；他成为书法家，在他看来，诗歌和书法都是有韵律的，因为韵律才美，或许是因为诗，他已经找到了书法的感觉，将他的字镌刻在张家界、黄山、五台山、云梦山、花果山等风景名胜；他也是画家，他的花鸟画注重用笔，用墨的浓淡渲染，色彩热烈，线条流畅，浪漫夸张，温馨传情，风格自成一派；他还是作曲家，以流动的音符抒发情怀，不仅为新诗赋予节奏，也使唐诗宋词以歌曲的形式焕发了新的生机……

不过，汪国真没有想到的是，正是因为他的低调做事的风格，竟然遭遇了"捕风捉影"，甚至由此引发了一场风波。

事情缘起于 2002 年 3 月 19 日，四川《天府早报》刊发了一篇署名为杨翘楚、题为《昔日倜傥诗人　今日卖字求生》的新闻报道——

在 20 世纪 80 年代红极一时，曾令无数少男少女为之动情的诗人汪国真近日情况窘困，遭遇连串不幸。不仅去年复出以后的新作《汪国真诗文集》无人问津，现在竟连生计也成问题！

日前，记者偶然得到消息后，多方打听汪国真的联系方式，但始终未果，唯一的一个汪国真原工作单位的电话接通，接电话人却称汪国真离开该处已有很长一段时间了，但目前没有他的任何联系方式，同时该人士承认汪的情况目前确实不好！

盛极而衰　"诗歌"变成"火锅"

曝出该消息的人士自称是汪国真的好友，今年年初还不时到汪国真家中小坐长谈。该人士现为国内某知名杂志的编辑，但他在接受采访时始终拒绝透露其姓名。

该人士说，虽于20世纪80年代在诗坛大红大紫，汪国真后来的诗坛之路不是那么一帆风顺和得天独厚了，以至于在北京某高校演讲时，有大学生递上纸条称："初中崇拜你，高中喜欢你，大一时很少看你，大二以后就不再读你。"令汪国真当时万分难堪。

由于写作诗歌收入开始逐渐减少，汪国真又在朋友建议下四处筹措资金在北京市区内开了一家火锅店，希望借自己的名气能为这家店带来滚滚财源。但不幸的是这家火锅店由于文人气息十足的汪国真完全不懂经营之道，所以在开张没多久后轰然倒闭了，伴随这家饭店的倒闭，汪国真的大部分积蓄也赔了进去，汪国真从此境遇日趋"潦倒"。

重出江湖雷声大雨点小

2001年秋，已在诗坛上沉寂了一段时间的汪国真又毅然决定复出。为了给复出造势，汪国真精心准备了一台汪国真诗歌朗诵会，汪国真亲自登台声情并茂地朗诵自己的代表作品。这台"汪国真复出诗歌朗诵会"声势甚大，除各高校中汪国真昔年的崇拜者外，文坛中诸多知名人士也纷纷前往捧场。但令人惋惜的是，虽然复出势大，但复出的作品《汪国真诗文集》在各地书市上却收效甚微，鲜有人问津，不复当年汪国真新诗一出顿时"洛阳纸贵"的风采。

穷困潦倒卖字维持生计

据了解，众多关于汪国真现状的消息中令人最为感到震惊的是，由于目前每月收入不是非常稳定，为改善这种经济情况，本有书法基础的汪国真开始大练书法，并为京城一些店铺撰写店铺招牌，以此换取一些收入。该人士说汪国真当初练书法本是玩票性质，但未料到如今竟成了靠用书法写招牌换取收入，令人感慨万千。该人士说，作为汪国真的朋友真心希望他早日走出困境，重新创作出更多更好并为市场广为接受的诗歌作品来，以便重现往日辉煌。

无独有偶，同样的报道也出现在同一天江苏的《江南时报》上，只是稍作修改，题目改为《昔日辉煌成过眼云烟 大诗人汪国真为钱所困》。

这则新闻在《天府早报》《江南时报》上发表后，引起众多国内媒体的关注，纷纷转载，几乎形成一种潮流，迅速发展成当时的热点新闻之一。那段时间里，汪国真的手机总是不断响起，而通话的内容几乎都与这则描述其"落魄"的新闻有关。有些朋友很熟悉汪国真，他们不知诗人为何突然间境况窘迫；有些久违的朋友，看过报道以后对诗人的现状充满了担忧；还有些朋友从一开始就认为这是一条假新闻……的确，这就是一条假新闻。汪国真看着这篇报道，既感到意外，又充满愤慨。从小的家庭教育培养了汪国真与世无争的性格，他也因此在事业路上埋头奋斗，生活中则安于平静，他没想到的是，竟然有人杜撰了一条新闻，捕风捉影般定义他的生活。随即，汪国真在媒体上发表了公开声明：要求发表该文的媒体在同样的位置刊登道歉和澄清启事；发表或转载该文的媒体与本人委托的律师联系商讨赔偿事宜；拒不道歉和赔偿的媒体将被起诉。

但新闻依旧在发酵。越来越多的读者看到了这篇报道，汪国真也听到了各种议论的声音。特别是一些熟悉的媒体朋友打来电话，尽管他们已经判断出那条新闻有假，但还是要和当事人加以确认。他们告诉汪国真，做媒体最忌讳假新闻，他们希望能够告诉读者真相，不能让假新闻肆意传播。于是，汪国真接受了媒体的采访，就假新闻中的种种说法给予了回应。

记者问："您的诗现在真的'无人问津'了吗？"

汪国真回答："只说近几年，我的书每年都有出版和再版。1995年7月，时代文艺出版社出版《最新·汪国真哲思短语》《汪国真抒情诗》，这两本书1997年6月再版；1997年1月，时代文艺出版社出版《精选汪国真抒情诗短诗钢笔字帖》；1998年9月，中国旅游出版社出版《汪国真旅游作品选集》，同年4月，青海人民出版社出版《汪国真精品集：抒情诗》——这本书1999年10月、2001年4月两次再版；2000年7月，广东旅游出版社出版《汪国真诗集》（1—3册）；2000年10月，内蒙古人民出版社出版《汪国真诗文集》。11年来，我的书被不同的出版社出版、再版，一直很畅销。前两天我打电话到北京图书大厦想买《汪国真诗文集》，他们说已经脱销了。"

记者问："真的开过火锅店吗？"

汪国真回答："我从来没开过火锅店。一天都没开过。如果我真开火锅店，大家多少还会有所耳闻。"

记者问："消息里说您现在卖字求生？"

汪国真回答："消息中有一条是真的，就是谈到我搞书法，但是说到我卖字为生就有假了。2001年2月2日，《生活时报》有一个整版报道，题目就是《汪国真：从诗人到书法家》，其他媒体也都介绍过我的情况。在1993年左右，我开始练书法。起因是参加社会活动太多了，很多年轻人对我期望值很高，我觉得我的字不好会让人失望。我学习欧阳询的楷书、王羲之的行书、怀素和张旭的草书。大概练了一整年，每天坚持练一个小时。我的书法第一次在公众场合出现，是安徽庐江落成的周瑜纪念碑，碑文和书法是我写的。有一次我去洛阳的友谊宾馆，宾馆经理也请我题字，大堂的词和书法都是我写的。后来我的字就慢慢传开了，仅在河南就有6家三星级以上宾馆大堂的书法是我写的。"

记者问："现在您的工作状况怎么样？还写诗吗？"

汪国真回答："我还在文化部的中国艺术研究院工作，工资关系和人事关系都在，生活比较稳定。我原来是《传记文学》的副主编，现在主要自己搞创作。除了写一些诗歌，我给《中国校园文学》杂志的专栏撰稿，从2001年第1期开始，现在一直继续。前一段时间我自学作曲，为自己以前的诗谱了二三十首曲子，还找了20首左右的唐诗谱曲——穷困的人哪有闲情逸致去谱曲呢？"

记者问："为什么学谱曲呢？"

汪国真回答："有的人说我的诗歌适合谱曲，我自己也觉得可以谱曲。我做事的目的很单纯，只是凭兴趣。当初写诗的时候，诗坛也不景气。当时有朋友劝我不要写诗，我坚持写，就是因为爱好，也没想到会轰动和畅销；我练书法是因为自己的字不理想，作曲也只是因为自己有兴趣。前不久香港凤凰卫视陈鲁豫给我做了一个节目，她就说我这个人很顺，许多事情不是刻意去做，但是结果非常好。"

记者问："您认为诗歌对您来说意味着什么？您怎么评价自己的诗歌创作？"

汪国真回答："诗歌是我生活和生命中的一部分。从1990年我的第一本诗集开始，我的书没有停止过出版和再版，我想我的诗歌还是有生命力的。我觉得我的诗有几个特点，第一是通俗易懂；第二比较能引起读者共鸣；第三有一定哲理。至于评论，最好的评论是时间和读者。"

…………

不过，假新闻的始作俑者，无论是作者杨翘楚，还是最初刊发新闻的《天府早报》《江南时报》，都没有对消除影响有所举措。相反，对于杜撰了一条假新闻的事实加以否认。新闻中所提及的向记者爆料的"国内某知名杂志的编辑"，实际上指的正是知音期刊集团《打工》杂志的编辑庄晓斌。庄晓斌也在第一时间看到了这篇报道，不由心生愤怒。在2002年春节期间，庄晓斌曾专程前往北京采访过诗人汪国真。回到武汉之后不久，一位新来的同事便向他索要汪国真的电话，说是有位新闻界同行杨翘楚想要采访汪国真。因为同事是新来的，并未有过较深的交往，加之无从知晓所谓的同行索要电话的真正目的所在，所以庄晓斌就找借口拒绝了。但第二天，庄晓斌却意外接到了杨翘楚的电话，表达了因发稿紧迫，所以想要与汪国真取得联系的愿望。庄晓斌在电话中和杨翘楚做了沟通，但汪国真的电话仍然没有给她。令他十分震惊的是，不久后发出来的假新闻，竟然是以他的"爆料"为噱头，而新闻的内容根本就不是他所提供的，与真实情况大相径庭。于是，性格直率的庄晓斌向同事索要了杨翘楚的电话，直接拨打过去。电话那头，面对庄晓斌的质问，杨翘楚却说："我文中所指的国内知名杂志的编辑并不是说您呀……"

2002 年 4 月 1 日，汪国真委托律师向《天府早报》及杨翘楚发了律师函，然而，该文的作者杨翘楚却言之凿凿地反馈说"知情人确有其人"，她将"静观其变"。

那条新闻中说"爆出该消息的人士自称是汪国真的好友"。难道真的"确有其人"？

汪国真并不相信，有哪个朋友会刻意杜撰关于他的莫须有的事。生活中的汪国真开朗随和，对待朋友真诚热情，骨子里十分重视友情，所以，他的朋友很多。汪国真对友情的重视可以在他收录于全日制普通高级中学《语文》课本第一册的经典散文《友情是相知》中窥见一斑——

友情是相知。当你需要的时候，你还没有讲，友人已默默来到你的身边。他的眼睛和心都能读懂你，更会用手挽起你单薄的臂弯。因为有友情，在这个世界上你不会感到孤单。

当然，一个人也可以傲视苦难，在天地间挺立卓然。但是我们不得不承认，面对艰险与艰难，一个人的意志可以很坚强，但办法有限，力量也会有限。于是，友情像阳光，拂照你如拂照乍暖还寒时风中的花瓣。

友情常在顺境中结成，在逆境中经受考验，在岁月之河中流淌伸延。

有的朋友只能交一时，有的朋友可以交永远。交一时的朋友可能是一场误会，对曾有过的误会不必埋怨，只需说声再见。交永远的朋友用不着发什么誓言，当穿过光阴的隧道之后，那一份真挚与执着，已足以感地动天。

挚友不必太多，人生得一知己足矣，何况有不止一个心灵上的伙伴。朋友可以很多，只要我们有一个共同的追求与心愿。

友情不受限制，它可以在长幼之间、同性之间、异性之间，甚至是异域之间。山隔不断，水隔不断，不是缠绵也浪漫。

只是相思情太浓，仅用相识意太淡，友情是相知，味甘境又远。

重视友情的汪国真，会不会因为善良而结交损友呢？还是假新闻就是记者的杜撰？面对假新闻激起的涟漪，处于舆论旋涡中的汪国真最终选择以法律手段还公众以真相。2002年4月26日，汪国真委托律师向北京市西城区人民法院递交了两份诉状，分别对四川日报报业集团、江南时报社及杨翘楚提起诉讼。汪国真在起诉书中表示，作为一名公民，原告有自己的正当职业、稳定收入和安定生活，而这篇报道完全违背了新闻的客观性和真实性，捕风捉影，甚至编造谎言，贬低、损毁原告名誉，给原告的良好社会声誉和精神造成巨大损害，因此，要求被告停止侵权、赔礼道歉、消除影响，并赔偿原告精神损害抚慰金。经过 7 月 4 日的开庭审理，这起名誉侵权案最终于 8 月 20 日尘埃落定，判决《天府早报》《江南时报》分别在各自版面上刊登致歉声明，并分别赔偿原告精神损害抚慰金 2 万元、1 万元，由此为假新闻风波画上了句号。

在汪国真看来，打官司不是目的，目的是给制作假新闻者以警醒，同时通过公证的判决还公众以真相。

汪国真在社会活动中留影

汪国真在清华大学讲演

第十七章 诗人的音乐会

2007 年 12 月 20 日，中国艺术研究院举办了一次特殊的活动，是一次全方位反映中国艺术研究院艺术创作研究中心创作成果的大型展览——"艺术时空"创作汇报展。此时，汪国真已经由中国艺术研究院的文化艺术出版社调至艺术创作研究中心工作，自然，作为研究中心的艺术家，他的作品也进入了汇报展的行列。艺术创作研究中心人才济济，这次汇报展展示的作品类型各不相同，绘画、陶艺、书法、舞美设计、摄影、书籍、数字艺术视觉音乐作品等交相辉映，构成了真正的"艺术时空"。在众多艺术风格独具的作品中，汪国真并未呈现他的诗，只是展示了他的音乐和书法作品，却吸引参观的观众为之流连。汪国真微笑着，能够让诗歌之外的作品与观众交流正是他的心愿。当年他因诗歌走红时，一面是观众崇拜的热潮，另一面则是评论界对他的诗是"心灵鸡汤"的讥讽，讽刺他的"浅薄"，他并未在意这些讥讽，用诗歌之外的艺术成功来做了回应，证明读者和观众认可的只是因为他的作品触碰了他们的心灵。汪国真一直在心中藏着一个理想，他渴望如同古代诗人一般，诗、书、画、曲样样精通，既继承了中国悠久的文化传统，又锤炼了诗人的艺术修养，事实上，他早已在这样的艺术之路上做出了尝试，收获了成功。特别是他的书法与绘画得到社会认可之后，便开始酝酿一个音乐领域的大动作，就是举办诗人的第一次个人音乐会。

从 2003 年出版第一张音乐专辑开始，汪国真在音乐领域如鱼得水，不仅在中央电视台的音乐节目里担任评委，还不断受到旅游景区邀请，创作了一批音乐佳作，以景区为原点，面向社会广为传播。他越来越喜欢音乐创作，甚至萌生了一种愿望，期待他的音乐能够产生超越他的诗歌的影响力，期待有一天能够举办一场他的个人专场音乐会。不过，理想不同于现实，汪国真很清楚，举办个人专场音乐会不同于音乐创作，必须依靠商业运作的支撑才能实现，然而对于一个艺术家而言，商业运作的难度已经远远超越了创作美妙的诗句抑或是优美的旋律，并不是他所能够驾驭的领域。于是，汪国真只能将期待埋藏在心底，期待机缘的到来。

2008 年的盛夏，北京迎来了百年不遇的奥运盛会。就在北京奥运会举办期间，汪国真邂逅了一位有缘人，为他后来的艺术之旅带来无限生机。

那是 8 月中旬的一天下午，汪国真应邀参加了一次小型的私人聚会，受邀的嘉宾都是来自不同领域的行业翘楚。汪国真走进会场后，在一张尚有空位的桌子旁坐了下来，在座的几个人对刚刚落座的新朋友微笑致意。事实上，在座的每个人彼此都不相识，于是为了消除陌生感，有人提议各自做一下自我介绍。第一位自我介绍的朋友，是一位气质优雅的女士，她告诉大家，她叫杨彩云，从事文化产业。汪国真注视着她，听说她也是做文化工作的，便有了一种同行的亲切感。其他人按照座位顺序依次介绍着，轮到汪国真时，诗人的声音虽然不高，但说出"我叫汪国真"时，在座的几个人却都不约而同地露出了惊喜的神情。杨彩云问："你就是那个诗人汪国真吗？"

汪国真笑了："就是我。"

这是一个令大家喜出望外的消息，很快，汪国真和他的诗成了大家的话题。特别是身为文化公司董事长的杨彩云，因为大学时期就读的专业就是中文，自然对诗歌十分了解。她告诉大家，她喜欢两个诗人，女诗人是席慕蓉，男诗人就是汪国真，而汪国真的很多诗她都能背下来。不过，在诗歌之外，她对汪国真一无所知，比如他多大年龄，有怎样的人生历程等，所以汪国真坐在她的对面时，她根本就没想到，那竟然就是当年那位风靡中国的大诗人。

大家听了杨彩云的介绍，便有人建议说："既然杨总那么熟悉汪老师的诗，就给我们现场朗诵一段吧。"于是，在座的人都鼓起掌来。

汪国真看着大家，只是微微笑着。杨彩云为大家讲述她青年时期对诗歌的喜爱与感悟时，他很欣慰，因为那是他的诗留给那个时代的印记，不过，当大家希望杨彩云能够现场朗诵一首他的诗歌时，他甚至觉得大家是在为难一个诗歌爱好者，因为时过境迁，诗歌的时代已经远去，在人心浮躁的当下，当往日一首美好的诗呈现在眼前时，人们能有印象或是对其中最为美妙的句子可以脱口而出，都已经是对诗人最大的安慰了，又怎能奢求别人背诵出多年前的诗呢？

可是，汪国真没想到，杨彩云却应了大家的建议，站了起来，一首优美的诗从她的口中流淌而出——

不知多少次
暗中祷告
只为了心中的梦
不再缥缈

有一天
我们真的相遇了
万千欣喜
竟什么也说不出

只用微笑说了一句
能够认识你，真好

　　汪国真很意外，那是他的《能够认识你，真好》。他没想到，这位优雅的商界翘楚竟然有着丰厚的文化内涵，当真能背诵他早年的诗。汪国真很兴奋，也很有满足感，深深记下了刚刚结识的这位新朋友。

　　如果说相识是缘分，那么成为挚友则需要经历风雨。那天的聚会活动之后，汪国真和杨彩云的交往渐渐增多。每次见面，他们谈到最多的就是文学，汪国真经常会将自己的诗集送给杨彩云，每次发表新诗新作，他也会在第一时间带给她。在汪国真看来，杨彩云绝不仅仅是文化领域的成功商人，更是一个对文学与艺术有独到见解的文化人。正因如此，文化成为桥梁，增进着他们之间的友谊。

　　杨彩云将汪国真送给她的诗集收藏在书柜中，除了诗集，她还收到了汪国真作曲的一盘音乐专辑。杨彩云很好奇，一个诗人的音乐专辑会好听吗？然而，当她把光盘放进了播放机，耳旁响起了清雅而悦耳的音乐声时，杨彩云竟然怦然心动。她十分喜爱音乐，曾策划推出过一些优秀的音乐作品，如今她没有想到的是，一个红极一时的诗人竟然也是一位音乐才子，他的音乐不仅动听，更令人感动。杨彩云静静地聆听，一首又一首，首首婉转动人，拨动心弦，其中的一首《让我们留下青春的名字》竟让她听得泪流满面，她不禁怀念起当年的校园生活和青春岁月，透过音乐，她甚至觉得，自己与汪国真有着相同的生活感受和艺术默契。

　　杨彩云沉浸在音乐带来的感动之中，很快给汪国真发去了短信，分享自己的感受："诗书已读，音乐已听，我好像回到了纯真的年代……"

　　几天之后，一个阳光明媚的下午，两个人再次相见。坐在杨彩云面前的汪国真依旧那么儒雅，声音依旧低沉而缓慢，言语却博学而视野开阔。

　　"我没想到，你是这么有丰富内涵的诗人，竟然在音乐领域也有那么多作品。"杨彩云所说的完全是她真实的感受。

　　汪国真笑了："我从小就喜欢音乐，给自己的作品或是优秀的作品谱曲一直都是我的愿望。后来，我觉得自己应该试一试，就找到作曲方面的书来读，从 2000 年开始，我把很多时间都用在了音乐上。"

　　杨彩云好奇地问："一个学习文学的人去尝试作曲，你不觉得难吗？"

汪国真回答道："也许是长期从事诗歌创作的原因，给自己转向作曲带来很多方便，这种跨越没有我想象的难。其实作曲跟写文章差不多，脑子里想好了文辞句子，敲到计算机里，连缀成篇。作曲也是这样，脑子有了旋律，知道怎么去记录下来，曲子就完成了。"

杨彩云却依旧好奇："不过，对你来说，音乐还是全新的一个领域啊。"

汪国真也来了兴致，娓娓说着创作过程中的小插曲："我头一两次录音的时候，歌手唱成什么样，我根本听不出来，因为我找的歌手都是专业的嘛，第一是不敢，因为人家是专业的，我是业余的，毕竟我没有正规地接受过音乐学院的教育；第二呢，在某种程度上也是听不太出来。后来进棚多了，录了几十首后，尤其越到后来，我发觉我的耳朵就越好使啦。"

杨彩云告诉诗人："我觉得你作的曲子和你的诗有共通的地方。"

"是吗？"汪国真露出了诗人的天真，一副渴知的样子。

杨彩云点点头："很悠扬婉转，而且有一种浪漫气息在弥漫。"

汪国真若有所思："很多听过我的歌的人，总体来说反映是不错的。我觉得旋律首先是很顺了，而且也好听。很多人给我反馈了这种感觉。我原来做过一个舞曲专辑，当时我去录音棚取专辑母带的时候，录音师就说了这样一句话，他说，你的这盘舞曲专辑虽然是不同人在不同时间录的，但是好多人在演奏完了总会丢下一句话，说汪国真作的曲子很好听。其实，这样的话很简单，却让创作者很欣慰。"

　　杨彩云又问："我发现你的音乐作品中，除了你进行词曲创作的歌曲外，还有很多是为古诗词谱的音乐，你怎么会想到为古诗词写曲子呢？"

　　汪国真饶有兴趣地回答："我之所以能写出那么多受读者欢迎的诗歌，主要得益于中国古代诗词，特别是唐宋时期的诗词让我获益匪浅。我觉得，古诗词汇聚的是中华文化的精髓，学习古诗词对整个社会的有益影响会非常大，特别是青少年。所以，我就想给这些古代诗词谱曲，让这些古代诗词成为歌曲，以利人们传唱，让更多的人受益。这几年，我主要是在为古诗词谱曲。我觉得读不如写，写不如背，背不如唱，让小学生以音乐的形式从小受到古诗词的熏陶，将会对他们的一生产生影响，我的古诗词曲谱正好可以帮助孩子们。就在几年前，我出版了一本《小学生必修 80 首古诗词曲谱》。"

　　杨彩云听得入神："曲谱？只是一本书吗？"

　　汪国真微笑着点头："是的，目前只是一本书，不过，我希望在不久的将来能出版这些曲谱的音乐专辑。唱着歌儿学古诗，会让老师和学生在一种轻松、愉悦的状态中完成古诗词的教与学，真正地寓教于乐。不过……"

　　杨彩云已经为汪国真的设想所打动，而汪国真却皱了皱眉头，继续说："一首歌曲的制作费用都是不小的数目，更何况是 80 首？"

　　杨彩云看着汪国真，想了想，认真地对他说："如果你认可，我愿意来做这件事，把你的这些曲谱变成音乐，出版一个专辑，让更多的孩子受益。"

　　汪国真听了，兴奋不已："这真是太好了，那……专辑的名字干脆就叫作《唱着歌儿学古诗》吧……"

　　那天见面之后，杨彩云便开始着手汪国真古诗词音乐专辑的出版工作。这是一项巨大的工程，第一阶段计划完成40首音乐的编曲、演唱、录制及出版，将要消耗很多的财力、时间与精力。整个过程中，汪国真心存感激，不仅感谢杨彩云给予的经济投入，更感谢她付出的真诚和精力。为了找到合适的儿童合唱团，杨彩云跑遍了北京的儿童艺术团体。水平较高的团体收取的演出费用过高，远远超出了项目的预算，而演出费用低的合唱团艺术水准却又令人担忧。尽管困难很多，杨彩云依旧没有放弃对艺术水准的要求，反复寻求解决办法。功夫不负有心人，或许是因为汪国真音乐作品的吸引，抑或是因为杨彩云的执着与真诚，北京大学附属小学合唱团、北京国际儿童合唱团、北京史家小学合唱团三家优秀的儿童合唱团最终成为项目的演唱团队，使专辑的录制具备了专业的保障。

　　在《唱着歌儿学古诗》的录制过程中，汪国真是兴奋的。他听着自己费尽心血谱出的曲子在一首首转化为听众可以聆听到的歌曲时，内心萌生的那种感觉是激动的、满足的。艺术家总是单纯的，录制音乐带给汪国真的兴奋令他产生直抒胸襟的冲动，他忍不住向杨彩云畅谈着他的音乐理想。他所描述出的是一幅无比美丽的图画："我一直有一个梦想，有一天可以开一场盛大的音乐会，就在音乐会会场外面的大厅里，书柜里卖着我的诗集，墙壁上悬挂着我的书法、绘画，与会场里我的音乐相得益彰……"

说者无意，听者有心。杨彩云对文化艺术是热爱的，她对汪国真的艺术才华也是钦佩的，每次听到汪国真说起他的音乐梦想，看到他的兴奋与喜悦，杨彩云也会心有所动，于是，暗自在心底萌发了帮他促成个人音乐会的想法。杨彩云一边继续推动音乐专辑的出版工作，一边开始与一些文化活动赞助商接洽，希望可以为音乐会融到需要的资金。不过，音乐会的筹备并没有想象中那么顺利，在一个相对浮躁的社会环境下，高雅艺术的音乐会往往得不到投资方的认可，而一些有赞助意向的投资方往往会向艺术家开出很多额外条件。杨彩云并不想让汪国真为了音乐会承担额外的压力，于是，尽管音乐专辑的录制出版已经占用了很多资金，但她还是做出了自己投资音乐会的决定。只是在时间规划上，她准备将音乐会的举办安排在音乐专辑出版之后。然而，时间规划却因为机缘出现了变化。那是因为朋友的引荐，杨彩云见到了中央歌剧院著名艺术家、国家一级指挥高伟春。她没想到，高伟春听过她讲述的音乐会的构想之后，没有谈什么条件，便欣然应允。她心怀感恩，将好消息告诉了汪国真。于是，一场诗人的音乐会进入了筹备阶段。

2009 年 11 月 11 日下午，就在北京王府井希尔顿酒店，举办了汪国真作品音乐会的新闻发布会。虽然只是音乐会举办前的新闻发布，到会的嘉宾却有许多重量级人物，包括中国艺术研究院艺术研究中心主任王勇、《人民日报》（海外版）副总编辑王谨、中央宣传部文艺局原副局长成志伟、中央机关工委宣传部副部长郭存亮、中国社会科学院副院长文学国等。发布会之后，各大媒体纷纷报道了音乐会即将举办的消息，一时间，诗人的音乐会成了公众瞩目的焦点。

12 月 12 日晚 19 点 30 分，由中国艺术研究院艺术创作研究中心主办的"唱响古诗词·汪国真作品音乐会"在北京音乐厅如期举办，可容纳 1000 名观众的演奏厅内座无虚席，观众不仅来自北京，还有许多渴望聆听诗人音乐作品的拥趸，不辞辛劳从上海、广州、河南、山西等地专程而来，更有中共中央宣传部副部长翟卫华，文化部副部长、中国艺术研究院院长、党委书记王文章等领导的出席。

音乐会由两部分组成，交响乐部分的曲目包括《清明》《赠汪伦》《忆江南》《登鹳雀楼》《两个黄鹂鸣翠柳》等，指挥为中央歌剧院著名艺术家、国家一级指挥高伟春；独唱、合唱部分曲目有《咏柳》《别董大》《敕勒歌》《独坐敬亭山》《迟日江山丽》《早发白帝城》《春晓》《秋夕》《曾经沧海难为水》《但愿人长久》等，演出由北京市东城区少年宫管弦乐团、北方交通大学附属中学金帆合唱团和部分少年歌手完成，并特邀白雪、宋昕宁、沈培新等实力派演员演出独唱曲目。

这些由汪国真谱曲的古诗词，均选自中小学语文课本。在新时代里，汪国真以诗人的情怀和独特的艺术视角，将古诗词的寓意与情境融汇于优美的音乐旋律中，深深打动了现场的听众，热烈的掌声经久不息，一次又一次响彻整个大厅。也是在音乐会的演出中，《唱着歌儿学古诗——汪国真古诗词歌曲》专辑进行了首发。

这场唯美、流畅、气势恢宏的音乐会接近尾声时，作为演唱会的主角——汪国真终于在观众们翘首以盼的目光中步入了舞台中央。此刻，音乐厅内掌声四起。聚光灯下，汪国真带着真诚的笑容，面对着热情的观众深深鞠了一躬。此时，却是片刻的宁静。汪国真站在那里，没有说话，眼望着座席里的观众，仿佛有千言万语，却一时无法开启心的闸门。诗人至深的感谢之情，全部融入了他诚挚的感谢词中，汪国真以诗的韵律表达了诗人对他音乐路上的支持者们深深的谢意。随后，汪国真为观众们朗诵了人们所熟知的他的那首诗《感谢》，既诠释了他此刻的心境，也表达了他内心的情感。观众们沉浸在汪国真那充满磁性又饱含深情的朗诵声中，诗歌终了，久久不愿离去……

汪国真人生旅途上的第一场音乐会取得了巨大成功。从诗人到作曲家，虽然只是一个转身，但蕴藏的却是对艺术的追求与敬畏，那时，汪国真甚至想，时间再多一些，自己在音乐领域的成就甚至会超越诗歌。一个富含激情的诗人，在艺术之路上自信前行，正如他的诗《我们是最美的风景》——

当你把命运握在手中
一切，便都显得从容
当我们来到这个世界
便肩负了某种与生俱来的使命

历史仿佛一口深不可测的古井
北斗好像是照亮未来的明灯
不论前面何时是悲何时是喜
随时准备收拾好自己的心情

　　春雨把大地冲洗干净

　　蚯蚓让泥土变得疏松

　　种子在悄悄发芽

　　啊，春天仿佛我们

　　我们最美的风景

　　2009 年个人音乐会的成功，使汪国真兴奋了许久。他知道，即使对于一个成功的专职音乐人而言，能够举办一场个人音乐会也是不可多得的机遇，而他只是"半路出家"，却能够获得这样的机会，足以令他感到满足。他很感恩，把自己的第一场个人音乐会当作对他过往音乐历程的一次检验，所获得的肯定，已转化为他继续在音乐路上前行的动力，期待在不久的将来，他会有第二场乃至更多的音乐会呈现在舞台上。

　　作为音乐会的策划人和总导演，杨彩云与汪国真有着同样的喜悦。在她看来，她终于帮助诗人实现了他的梦想。尽管音乐会筹备过程中有很多困难和艰辛，但却由此开启了诗人在音乐领域的新篇章。在音乐会上，首发的音乐专辑《唱着歌儿学古诗·汪国真古诗词歌曲（40 首）》已陆续进入各大书店。这套专辑收录了 40 首由汪国真谱曲的古诗词，通过朗诵、独唱、合唱、重唱的形式，创造了全新的音乐美学教育方式，深受儿童的喜欢。随后，汪国真又在他已经完成谱曲的 400 首中国历代优秀古诗中，以"好听、好记、好唱"为标准精选了 40 首。杨彩云随即推动后续 40 首古诗词歌曲的录制工作，在已经出版的 40 首歌曲基础上，于 2010 年推出了汪国真古诗词系列音乐作品全集《唱着歌儿学古诗·汪国真古诗词歌曲（80 首）》。

　　虽然没有经纪人的名分，但事实上，杨彩云已成为汪国真文化事业发展的推手。自 2008 年建立合作以来，汪国真不仅成功举办了个人专场音乐会"唱响古诗词"，还相继出版了歌曲专辑《唱着歌儿学古诗》、朗诵专辑《走出喧嚣》、音乐专辑《汪国真音乐作品歌遍中国系列（涉美县）》等。在书画领域，杨彩云第一次将汪国真的作品送往了拍卖机构，帮助汪国真成功地打开了书画作品的拍卖之门。此后多年，汪国真一直都将自己的书画作品交由杨彩云代理，送往瀚海、保利等著名拍卖机构进行拍卖，数量及价格不断攀升。因为有了合作，杨彩云对汪国真在文化艺术领域的发展并不只是当作一件事情来看待，而是当作一项事业去经营。她会留意媒体关于汪国真的报道，甚至养成了做剪报的习惯，总是保持着敏感的触觉，将所有可以看到的写着汪国真名字的新闻和报道都收集起来，久而久之有了厚厚的几本"汪国真剪报"。汪国真看到这些剪报时，又惊又喜。以往，对于新闻报道的收集，一直都由他自己亲力亲为。可是一个人所能接触到和看到的媒体毕竟有限，大部分报道都无法也无时间和精力去收集。如今，杨彩云悄悄地做着这项很累却没有效益的事情，怎能不令他感动？

　　汪国真很珍惜他与杨彩云在合作中建立的这份友情，并以诗人的方式表达着对这份友谊的重视。比如，在杨彩云生日的时候，他送上一份特殊的礼物。那是他亲自为杨彩云创作的藏头诗："彩霞满天映海红，云当信笺寄真情。快哉风送十万里，乐展尺素意相同。"意为"彩云快乐"。再比如，汪国真记得，杨彩云喜欢两个诗人，一个是自己，另一个就是席慕蓉。2009 年初夏的一天，汪国真告诉杨彩云，在他即将参加的一次聚会上，他应该会见到女诗人席慕蓉，如果有席慕蓉的书，他可以带过去请她签名。虽然已经过了追逐偶像的年龄，但因为文学梦还在，所以当听说可以得到席慕蓉的签名时，杨彩云还是兴奋不已。杨彩云在书柜中快速地寻找着，终于找到了当代世界出版社 2004 年出版的一本《席慕蓉经典作品》，杨彩云便将这本书交到了汪国真手中。此时汪国真却拿出了另外一本《温馨的爱——席慕蓉抒情诗人赏析》，说："我还担心时间太匆忙，你找不到书，所以我也在我的书架上找了找，你看，找到了一本。"杨彩云看着两本书，笑了，在内心为汪国真的真诚所感动。那一天，汪国真见到了席慕蓉，也当真要到了她的签名。他很快便将签了名的书转给了杨彩云。在那本《席慕蓉经典作品》的扉页上，杨彩云惊喜地看到了席慕蓉用钢笔书写下的赠言："彩云女士：祝福。席慕蓉 2009 年 5 月 25 日。"杨彩云将书珍藏在了书架上，除了对作者签名的珍惜，也留存下她与汪国真之间真挚的友情。

汪国真在《汪国真作品音乐会》新闻发布会上与嘉宾合影

2009 年 12 月 12 日，汪国真在作品音乐会上讲话

唱响古诗词
汪国真作品音乐会

2009 年 12 月 12 日，汪国真在作品音乐会后与参加演出的孩子们合影

第十八章　两岸诗人聚首中原

有一次，上海《文汇报》的副刊上发表了一首新诗，或许是编辑疏忽，将作者署名错写为"汪国真"，并在刊发后给他汇去了稿费。接到稿费的汪国真并未因为收到稿费而感到意外，因为即使是在诗歌鲜受关注的情况下，他的诗也经常会刊发在各大报刊的显要位置。不过，他是一个随性的人，这么多年来，出版了那么多诗集，也在报刊上发表了那么多的诗文，但他却从未因为稿费的多与少和出版单位或媒体有过争执，有些出版社甚至因为他的这种"文人气"而在他身上"占便宜"，约定好的版税只支付了第一笔，后续便没了下文。至于报刊上发表的诗，也不是每一次都有稿费，有时收到了，汪国真就作为劳有所得而欣喜留存，没有收到，他也不做过多计较。很多朋友都建议汪国真应该为自己的劳动报酬去争取，但他只是淡淡地笑了笑。如今，上海《文汇报》汇来稿费，汪国真自然不会思考太多，只是偶然间注意到稿费汇款单留言栏里标注的诗的名字时，他却有些意外："这首诗应该不是我写的！"

虽然作品众多，但每一次创作都是一次心灵的激荡，所以汪国真牢记着自己的每一个作品。那首诗的名字没有在他的脑海里留下印记，他断定，那首诗不是他写的。不过，也有一种可能，就是报社只是把汇款单留言栏里的诗的名字写错了。于是，汪国真在中国艺术研究院的阅览室找到了那一天的上海《文汇报》，一版一版地翻看着，想为这件事找一个答案。果然，他在那一天的《文汇报》上找到了那首汇款单留言栏标注的诗。汪国真仔细阅读，断定那一定不是他写的诗，而那一天的《文汇报》上并没有刊载其他的诗歌，很显然，他们把别人写的诗张冠李戴，将作者当成了汪国真，还寄来了稿费。

汪国真很快将《文汇报》汇来的稿费退了回去，而且，这个连自己正常劳动所得的稿费都不愿向出版社或报刊索要的诗人，专门抽出时间给《文汇报》的编辑写了一封信，在信中不仅说明自己不是那首诗的作者，而且还特意叮嘱编辑找到诗的作者，将他退回的稿费尽快转给他。

这是再小不过的一件事，却可以看到诗人的闪光点。他不仅严谨认真，而且难能可贵的是，在点滴中可见他对诗歌作者的爱护。一个深受读者欢迎的诗人，不仅美在文风，也美在品质。

2014 年初春的一天，汪国真接到了诗人、辞赋家屈金星的电话，屈金星无比兴奋地告诉他，5 月 29 日，由他策划的"2014 中国（开封）宋韵端午诗会"将要在河南开封的清明上河园举办，真诚邀请汪国真作为嘉宾参加这次难得的诗坛盛会。

对于屈金星，汪国真并不陌生。第一次与他结识时，朋友除了介绍他的诗人、辞赋家身份外，还介绍了一个特殊的身份，那就是屈原的后裔。汪国真当然熟知屈原，他是中国最早的浪漫主义诗人，也是中国文学史上一位伟大的爱国诗人。眼前这位朴实的青年难道就是大诗人的后裔吗？这样的疑问直到汪国真读了屈金星的诗才得以找到答案。汪国真记得，屈金星将他主创的长诗《屈原颂》《开封颂》先后送来，不仅请他指正，还希望他能为即将再版付梓的《开封颂》撰写序言。汪国真当时并未急于答复他，而是首先认真阅读了这两首长诗。不久之后，令屈金星十分意外的是，汪国真竟然当真为他和李俊鑫、孔令伟、王立敬、李秋生联袂创作的《开封颂》撰写了序言，而且洋洋洒洒写了 5000 余字。在这篇名为《青铜与黄河的恢宏交响》的序文中，汪国真不仅有感而发，对千行万言的《开封颂》加以点评，而且叙述了他本人对开封厚重沧桑且灿烂辉煌的历史的感悟，还在文中描述了他对作者屈金星的认知："显然，金星是'狂人'，他的脉管里承袭着先祖屈原的热血，诚如他参加河南卫视《知根知底》栏目《寻找屈原后裔》节目时朗诵的诗《我和屈原同一个 DNA》。说实话，刚听说他是屈原后裔时，我很怀疑。但是读了他的诗，我不得不承认，他以天马行空的想象力纵横一切时空，这和屈原驾青虬骖白螭在星空之间遨游，何其相似乃尔？这不是学来的本事，得的是屈原的真传——屈原的基因！看来，无须到复旦大学化验 DNA，从他的诗句中便可初步断定他是屈原的后裔。"

如今，屈原后裔屈金星发出了端午诗会的邀请，汪国真并未迟疑，很快就将活动安排进了自己的行程。汪国真对端午诗会的认可，不仅仅源自诗的吸引，也来自对文学的担忧。汪国真深知，在诗歌备受冷落的今天，唤起人们对诗的热爱，事实上正是对中国传统文化的珍视与爱护；让读者在文学的洗礼中，感受到旧体诗与新诗的魅力十分重要。以往的相聚中，汪国真也曾在与屈金星的闲谈中，聊到举办以诗歌为主题的活动的社会意义，但现实中，活动的主办方或是赞助方却往往着眼于眼前的经济利益，意识不到此类活动的潜在价值。正因如此，举办一次诗会的难度可想而知。后来，屈金星也向汪国真讲述了促成这次端午诗会的机缘。

那是在 2013 年秋季的"首届嵩山文化财富论坛"上，屈金星结识了河南开封清明上河园的总经理周旭东。也是在这次论坛上，屈金星在发言中提出了"诗歌营销"的观点，并以李白诗云"烟花三月下扬州"营销了扬州、贺敬之的《回延安》营销了延安等加以论证，博得了与会嘉宾的热烈掌声。会后，屈金星乘坐周旭东的车一同前往开封，便在路上有了交流的机会。屈金星向周旭东提出了一个建议：开封是北宋故都，是宋词的大本营。端午节是纪念屈原的节日，屈原是中国诗祖。如果能在清明上河园举办一场端午诗会，无疑将成为全国上下关注的热点，既有利于诗歌文化的传播，也营销了清明上河园。而邀请的诗人也一定要具有代表性，应该是华人社会最为知名的诗人。屈金星也由此提出了两位人选，一位是台湾的余光中，另一位就是大陆的汪国真。

这是两个多么令人心动的名字，或许是因为诗人的吸引，也或许是因为"诗歌营销"的诱惑，周旭东最终采纳了屈金星的建议。就这样，一次新时期难得的诗坛盛会，即将在八朝古都召开，由此促成了两岸诗坛名家余光中与汪国真的聚首。

汪国真乘坐的飞机抵达郑州新郑国际机场时，屈金星和"2014 中国（开封）宋韵端午诗会"组委会的工作人员早已在大厅等候。汪国真出现在人们视野里时，手捧鲜花等候的人群里立即响起了热烈的掌声。

汪国真接过递上来的鲜花，微笑着向人们致意。此刻，眼前的情景与他
的心境都如同他的那首诗《美丽的季节》——

　　　　这是一个美丽的季节
　　　　青春似花开遍了原野
　　　　风儿吹动着我们的思绪
　　　　思绪像飞舞的彩蝶
　　　　有过多少回忆和憧憬
　　　　蓝天你可像春风一样理解
　　　　有过多少故事和情节
　　　　飘落大地一片雪白纯洁
　　　　美丽的季节是年轻的我们
　　　　年轻的我们是美丽的季节

　　汪国真漫步在清明上河园中，恍如置身大宋，耳旁却响起他与青年
诗人赵捷关于宋词的对话。

　　赵捷曾问他："近年来您创作了很多新宋词作品，应该说，没有一
定的功力是很难完成的，您为什么会选择这个难上加难的创作方
向呢？"

　　汪国真笑了，娓娓讲述道："词，起源于唐，崛起于宋，衰落于明
清之际。到如今，已近千年沧桑。宋词词牌繁多，风格各异，长短句错
落有致，它的灵活多变，与现代人的思维感觉相接近。写新宋词，不仅

继承了优秀的历史文化和文学体例，而且还令今天的读者感觉到新的韵味，我觉得，这样的创作才有特殊的文化意义。"

赵捷又问："词家一脉，向以抒情见长。您是写抒情诗的高手，舍唐诗而择宋词，应该说是延续了抒情的风格？"

汪国真点点头，补充说："除了抒情的风格，我的诗也会有哲理的思考。词，最重要的是要有高雅的格调，没有高雅的格调，只会流于平庸之作。"

汪国真忽然问赵捷："你喜欢我的哪篇新宋词？"

赵捷回答说："很多我都喜欢。比如您的《念奴娇·观海》，读到这首词时，真的使人有飘然高举之想。而且，'登高望远'是词的开端，而您又以'裁白云'为结，带给我们一片高远的心境，写得十分精妙。"

汪国真很清楚，从诗人到词人，他选择了一个转变，虽然千难万难，却终有所收获。多年的研磨，他已完成了《忆秦娥·送别》《卜算子·牡丹》《浣溪沙·红石榴》《虞美人·春思》《清平乐·别令江南冷》等诸多新宋词。如今，他身处清明上河园，对宋词的感受忽然变得清晰，而眼前的美景仿佛也令他心生惬意。

这座清明上河园是中国第一座以绘画作品为原型的宋代文化实景主题公园，坐落在开封市龙亭湖西岸，以北宋画家张择端的写实画卷《清明上河图》为蓝本，按照《营造法式》的建设标准，再现了北宋京城汴梁及汴河两岸的景观。在这里，宋朝的市井文化、民俗风情、皇家园林和古代娱乐交织相融，仿佛令人们一朝重回了两宋。

5月29日上午，"2014中国（开封）宋韵端午诗会"作为2014年中国（开封）端午文化节的序曲在清明上河园拉开了帷幕。可以说，这次诗会非同凡响，会聚了海峡两岸最为知名的诗人。来自台湾的著名诗人余光中、绿蒂和来自大陆的著名诗人汪国真、屈金星，不仅以诗会友，还将诗的风景带给了有幸参加诗会的来自祖国各地的宾客。诗会以屈金星的《屈原颂》长诗节选开篇，随后，名家相继登场，亲自朗诵诗歌作品，有余光中为诗会创作的《招魂》、汪国真的名篇《山高路远》、绿蒂为清明上河园创作的《轻舟已过千年》，每一首诗都是一次精神激荡，博得在场观众的喝彩。

看到群情热烈，汪国真感到无限欣慰。作为一个诗人，不就是希望同读者产生共鸣吗？他曾读过余光中的诗，比如《舟子的悲歌》，比如《乡愁》。在他看来，余光中的诗歌艺术风格极为丰富，诗风往往因题材而异，表达意志和理想的诗就会壮阔铿锵，而描写乡愁和爱情的作品则细腻而柔绵。无论哪种诗风，能够为读者所喜欢，这就是诗人的荣耀。而对于自己的诗，汪国真也是以这种标准为目标的。虽然评论界或许会以"心灵鸡汤"加以讥讽，但如果失去了读者，新诗存在的意义究竟是什么呢？读者一直是汪国真的支持者，给了他创作的信心，从大学至今，时光已流逝了30余年，这些时光是成长的时光，也是汪国真坚持创作的岁月，即使是在诗歌之外向书法、绘画、作曲等领域延伸，诗歌写作仍旧是他不曾间断的方向，每年都会至少有几十首问世。今天的清明上河园，汪国真在诗会上朗诵了他的《山高路远》，置身北宋风光，仿佛在历史长河中品味自己的诗、自己的路。

诗会结束之后，汪国真与余光中、绿蒂、屈金星等海峡两岸著名诗人踏上了"回梦大河·寻根中原——诗歌文化之旅"。他们由开封赴杜甫故里巩义，拜谒诗圣；随后前往河图洛书发源地洛阳，缅怀中华始祖伏羲；再登栾川老君山，问道老子；复返洛阳，瞻仰龙门。

86 岁高龄的余光中每到一处都饶有兴致，毕竟，远在台湾的老诗人对中原大地相思已久。一路上，汪国真将自己了解的中原历史向老诗人娓娓道来。余光中很惊奇："你对中原很熟悉啊？"

汪国真笑了，说："我经常到河南来，有些地方甚至来了几十次。河南历史悠久，中原文化极为丰富深厚。而且，我的一些创作也与河南有很深的渊源。"

听了汪国真的话，余光中不禁充满了好奇："是吗？难道你的创作灵感来源于这里？"

汪国真点点头："有些灵感的确是产生在这里，我也因此以河南的山川河湖为对象，不仅创作了诗歌，还创作了歌曲。就说洛阳吧，我的缘分就很深，我开始作曲后为旅游景区写的第一首歌，就是为洛阳新安县的万山湖景区写的。"

汪国真的思绪仿佛又回到了 12 年前的夏天。他来到了位于洛阳西部的新安，一个山区里的小城，在考察中为创作积累素材，准备给县里的小浪底库区创作歌曲。汪国真在当地有关部门的陪同下，在新安这个河洛文化的主要发祥地，感受山河壮美。高峡平湖，群山环抱，山水相连，小浪底水库在下闸蓄水后形成了 168 平方千米的广阔水面，获得了"万里黄河第一湖"的美誉。此时，新安正准备将库区开发为旅游景区，初拟名为"千岛湖"，于是，汪国真就以《黄河千岛湖》命名，创作了词曲——

黄河千岛湖，
座座小岛似珍珠。
峡谷百鸟飞，
封顶看日出。
低头清涧流，
抬眼望飞瀑。
醉人是花香，
晶莹是雨露。

春来秧苗绿，
秋来金浪舞。
山下耕田地，
山上采蘑菇。

风吹小船裁开绿水，
雨打苍山捧出林木。

啊，这美丽的千岛湖，
这迷人的千岛湖，
这永难忘却的黄河千岛湖。

《黄河千岛湖》创作完成后，无论是词还是曲，都得到了各方认可。不过，这首最初为景区所订制的歌曲，最终并未被景区所使用。原来，新安县对小浪底库区拟定的景区名称"千岛湖"，在进行注册登记的时候才发现问题，浙江已有"千岛湖"，为避免冲突，名称由"千岛湖"改成了"万山湖"，由于汪国真创作的歌曲是以"千岛湖"为题，因此，这首歌曲未能在旅游宣传中得到传播。不过，好歌曲终究不会被束之高阁，汪国真在2003年出版的《又见汪国真——汪国真诗文、书画、歌曲作品选》一书中收录了这首歌的词曲。如今，因为与余光中的信步闲聊，这段往事重新出现在脑海里。

两岸诗人在"回梦大河·寻根中原——诗歌文化之旅"的进程中，还发生了一段小插曲。四位诗人登临相传道家创始人老子归隐修炼的老君山时，无不为其雄浑的气势、险峻的形态而连连赞叹。不过，老君山的山门牌楼却让大家有了另外的感慨，这牌楼虽然巍峨，但两侧理应镌刻对联的位置却空空如也，与山的丰满极不相称。诗人们驻足时，屈金星忽然产生了灵感，上联脱口而出："老君山山君老山老君不老。"陪同两岸诗人参观的河南省老君山旅游开发有限公司董事局主席杨植森一听，也突发奇想："既然有了上联，我们不妨向全国征集下联，到时把最好的一副对联写出来挂在山门上。"汪国真一边品味着屈金星的上联，一边微微颔首。屈金星见得到了汪国真的认可，十分兴奋，便建议说："汪老师，您的书法也是一绝，如果您能将这上联书写出来刻在老君山的山门牌楼上，我相信，会是老君山另一道风景。"性格直率的汪国真也不推脱，随即应了下来："那好，我就写下来。"一旁的杨植森急忙补充："等下联征集到了，还要恭请您的书法啊。"就这样，汪国真以他特有的书法书写了对联的上联，成就了一段文坛雅事。

欢乐的时光总是过得飞快。因为端午，两岸诗人聚首中原，6 月 5 日，诗人们结束中原之行，踏上了各自的归途。

2014 年 5 月 29 日，汪国真（右三）、余光中（中）、屈金星（右四）在清明上河园
参加"2014 中国（开封）宋韵端午诗会"

汪国真（左三）、余光中（左五）等在龙门石窟合影

第十九章　点滴友情汇成海

　　成功之后的汪国真并没有故步自封，而是在诗歌、书画、音乐等诸多领域齐头并进。熟悉汪国真的人说，他之所以能够如此，除了才学之外，最重要的就是因为他有一个好人缘。的确，很多人对汪国真的评价都是"特随和，有礼貌"，他愿意分享，没有架子，从心里到脸上总是透着善意的笑容，哪怕是对待一个扫地的人，他都不会有所蔑视。这种待人处事的方式，根源就在于汪国真对友情的重视。在他看来，友谊是相互的，只有真诚地对待朋友，才有可能换来朋友的真诚。如果把一个朋友的友情比作一滴水，千万别嫌弃它的微小，朋友多了，你拥有的便是一片海。我们只需撷取几滴水，或许已可以看清那片属于汪国真的海的斑斓……

　　先来说说汪国真的师生情谊。

　　虽然尊称汪国真为老师的人很多，但汪国真在正式拜师仪式上真正收过的学生却只有两个人。

　　2006 年 10 月 17 日，汪国真在河北石家庄举办的拜师会上收下了第一位学生唐思远。说起他与唐思远的缘分，完全是以诗歌为纽带的。唐思远第一次见到汪国真，适逢 2005 年中秋汪国真来石家庄参加笔会

之际。此前，唐思远从未想过自己会有机会见到这位著名的诗人，当获
知可以见到汪国真时，他的心情异常激动。此时的唐思远，已是一个小
有成就的企业家，但他永远无法忘记自己在创业旅途上的有关汪国真
的记忆。那是 20 世纪 90 年代初期，汪国真的诗歌在全国掀起了一片
热潮。和很多青年一样，唐思远也对汪国真的诗歌无比痴迷。当时，唐
思远在石家庄火车站外经营着一个冷饮摊，一有空闲，他就会翻开汪国
真的诗歌集，沉醉在诗的意境里。他觉得，汪国真的诗可以使青年人充
满奋斗的信心和执着追求的勇气，这让正身处创业阶段的唐思远变得坚
强、乐观，或许正是这种信念使然，才使他一步步收获成功，最终成为
一名企业家。如今，与那些美妙诗歌的作者可以谋面，是不是冥冥中注
定的一种缘分呢？因此，在笔会间隙见过汪国真以后，唐思远的心绪久
久无法平静，往事历历在目，他对诗的痴情也忽然变得那么明晰。恰好
不久之后，汪国真再次来到石家庄，在河北文学馆举办个人"诗书画音
乐联展"。唐思远获知消息后，再次拜访了汪国真。只是这次的拜访，
并不是简单的寒暄，唐思远还随身带上了几首自己创作的古体诗。他将
自己的作品毕恭毕敬地递给汪国真，说："我在写诗中越来越感到知识
和能力的匮乏，真希望能有您的指点。"汪国真接过唐思远递过来的诗
稿，认真地看着。此时此刻，时间仿佛忽然凝固，一旁的唐思远心存
忐忑，不时观望着诗人的表情，忽然，他看到汪国真笑了，只听他说：
"这几首诗写得很不错。"虽然只是简单的一句话，但得到肯定的唐思远
如同小学生一样，立刻绽放出了甜甜的笑靥，喜悦之中便口无遮拦地提
出了自己的渴望：想请汪国真用书法把他的几首诗写下来。唐思远没有

想到，汪国真竟然爽快地答应了他。接下来的几天，两人之间有了更多的接触。汪国真了解到了一位企业家的奋斗历程与文学追求，而唐思远也表达了希望拜师的意愿。这一切，应该算是机缘巧合，虽然结识时间不长，却因为机缘最终促成了拜师仪式的举办，汪国真也收下了有生以来第一位学生。后来，汪国真在诗中评唐思远，内中包含了对其人其业的品评："亦诗亦书亦经商，篇篇都是好文章。挥袖可作东风引，人能思远路更长。"

2011 年 11 月 4 日，汪国真在北京举办的另一场拜师会上收下了第二位学生李素红。李素红多才多艺，不仅是一位作家，曾出版有长篇小说《花落花尘》、散文集《樱桃红了》等充满才情的作品，也是一位知名的女书法家，写得一手俊秀的字。他们相识于 2003 年，那之后便一直以师徒相称。2008 年汶川大地震后不久，两人有了一次合作，共同为青川灾区创作了歌曲《让希望在废墟上诞生》，将大爱寄予歌中。也是在这一年，李素红出版诗集《有梦在江南》，汪国真欣然写下了序言，名为《李素红是个奇女子》——

　　她能诗、能文、能书、能画、能唱。

　　她的诗文自然、生动；她的书法秀丽、洒脱；她的绘画简约、含蓄。我以为，即便在文化界，修养如此全面的女性也并不多。何况，她还很年轻。

　　读李素红的诗文是这样一种感觉：其中没有华丽的辞藻，没有做作的修饰，也没有故作的深沉。一切都是那么亲切、自然。如一条明澈的小溪，似一幅雅致的山水，像一杯可口的清茶。我曾经写过一首诗：清茶一杯飘清香，古筝一曲音绕梁。天边一抹晚霞红，远望青山笑君王。这是我心中向往的境界，这也是我喜欢和欣赏她诗文的原因。

言为心声，在李素红的诗文中充分体现了这一点。

在她的诗文中，我们可以读到她的真诚："有缘成为朋友／说什么／我都不会和你反目成仇／错了／一定有你错的理由／我不承受／谁来承受……"（《朋友》）

在她的诗文中，我们还可以读到她的善良："你想走／我给你最好的理由／所有的痛苦／我愿意独自承受／以为爱／可以为你付出生命／恨你不如为你祝福……"（《恨你不如为你祝福》）

在她的诗文中，我们还可以读到她的坚强："今夜你最美／因为你选择了坚强／迷失的世界里／我找回了自己／让自己站起来／需要多少勇气……"（《今夜你最美》）

真诚、善良、坚强，这也是李素红留给我的印象。接触了李素红的人和诗文，我感到了一种清澈。这种清澈在物欲横流的今天，更显得弥足珍贵。为了这清澈，我衷心祝愿她明天更好！

再来说说汪国真与诗人们的友情。

人总说，文人相轻，但汪国真对青年诗人却给予过许多无私的帮助，也由此建立起许多真挚的友情。送人玫瑰的事不胜枚举，因为多，汪国真很可能会忘记，但当事人却很可能终生难忘。

2012 年 10 月，黑龙江诗人姜红伟将在大兴安岭创办"八十年代诗歌纪念馆"，他在电话中向汪国真发出了诚挚的邀请，希望他能够出席开馆仪式。可是因为已经有了其他活动的安排，汪国真无法从北京赶去，令姜红伟心存遗憾。不过，令他万万没有想到的是，就在开馆前夕，他却意外收到了汪国真从北京发来的贺电，上面写着："上世纪八十年代，是一个诗情澎湃新人辈出的年代。在此八十年代诗歌纪念馆开馆之际，谨表祝贺。"姜红伟很感激，也便萌生了一个更大胆的心愿。因为在他看来，尽管汪国真红遍全国是在 1990 年，但 20 世纪 80 年代也是他创作诗歌的旺盛期，许多经典作品便是创作于那段时期，而且，他的诗也是在 80 年代开始被青年学生广泛传抄，如此看来，汪国真与 80 年代的诗歌一定有着密切而不可割舍的联系。所以，姜红伟大胆地想，如果汪国真能够为他饱含心血创办的诗歌纪念馆题词，那么，一定会成为他的镇馆之宝。可是，如今的汪国真不仅是一位著名诗人，还是一位知名的书法家，在"一切向钱看"占据意识主流的当下，他能给一个远在黑龙江的纪念馆题词吗？姜红伟心怀忐忑，将这份美好的心愿压在了心底。

2013 年 6 月 16 日，姜红伟在孔夫子旧书网上浏览时，意外地发现了一本暨南大学中文系 1982 年 6 月编印出版的毕业班作品选《鸿爪》，于是便买了下来。《鸿爪》送到手中时，姜红伟却在目录中发现了一个无比熟悉的名字：汪国真。那本 32 开本的小册子中，收录了汪国真在大学时期创作的短篇小说《丹樱》、日记三则和诗歌两首。于是，姜红伟将这个意外发现告诉了汪国真，没想到，汪国真听说后十分惊喜，告诉姜红伟说，就连他自己都没有这本书。的确，一本暨南大学中文系的内部文集，历经30多年能够保存下来极其不易与难寻了，姜红伟的"八十年代诗歌纪念馆"由此多了一件宝贵藏品。姜红伟听出了电话那头汪国真的喜悦，因为这本书让他想起了他的大学时代，想起了当时校园里的创作往事。而此时，姜红伟也打开了话匣子，聊了很多对校园文学的看法，也谈到了他付诸多年心血的"八十年代诗歌纪念馆"，就这样，姜红伟将想求得汪国真墨宝的愿望说了出来，没想到，汪国真却爽快地答应了。不久后，汪国真当真寄来了一幅书法，上面写着："八十年代，是一个诗情喷涌的时代——书赠八十年代诗歌纪念馆。"手捧着墨迹，姜红伟内心的喜悦与感激已无法言表。然而，在汪国真看来，或许《给我一个微笑就够了》——

　　不要给我太多情意

　　让我拿什么还你

　　感情的债是最重的呵

　　我无法报答　又怎能忘记

　　给我一个微笑就够了

　　如薄酒一杯，像柔风一缕

　　这就是一篇最动人的宣言呵

　　仿佛春天　温馨又飘逸

　　他们之间，还有一件小事。2014 年 4 月，一直致力于 20 世纪 80 年代校园诗歌运动历史研究的姜红伟，正在编著一部有关七七级、七八级大学生文学活动的书稿，书中准备收录汪国真的文章《我最初的文学生涯》，于是他便给汪国真发去电子邮件征求意见。令姜红伟无比感动的是，汪国真十分体谅编著出版文学史料的难处，他在回复中写道："本人同意姜红伟先生在编著的《文学年代——中国高校 1977 级、1978 级大学生文学生涯备忘录》（暂名）一书中收入我的文章。为了支持该书的出版，本人同意放弃该书的稿费。"稿费或许并不多，但为了支持编著者而选择放弃稿费却是一种难能可贵的行为。身为作家，或许汪国真能够更多体会到他人创作的艰辛，对编著者的扶持之心由此可见一斑。

　　2011 年的春天，诗人柳刚准备将多年来创作积累下来的诗歌、散文、小说等数十万言文章结集出版，取名为《曾经沧海》。可以说，这本书是柳刚的心血之作，他觉得，如果能邀请诗人汪国真题写书名，无疑会令他的作品增光添彩。不过，柳刚对这样的想法是有担心的，他很清楚，他与汪国真虽然早已相识，但一直并无诗文领域的交往，那么这样的要求能得到满足吗？柳刚没想到的是，汪国真竟然爽快地答应了他。不久之后，柳刚便拿到了汪国真为其文集专门题写的书名，而且，还意外收到了他的一幅书法作品，正是柳刚最喜爱的鲁迅的诗句："血沃中原肥劲草，寒凝大地发春华。"柳刚如获至宝，将汪国真题写的书名和书法都印发在了自己的文集里，让墨迹永存，日久弥香。2012 年 4 月，作家张宝瑞出版代表作《一只绣花鞋》的点评本，书中除了收录原著外，柳刚撰写了 4 万字的逐页眉批及前言《神来泼墨任翱翔——一只绣花鞋赏析》，汪国真则为点评本撰写了序言。因为《一只绣花鞋》的桥梁，柳刚得以与汪国真有了一次难得的合作机会。

这些都是小事，却可以看清一个人。汪国真就是如此，一个简单真诚、惜才重情的人。他曾专门写下了一篇名为《友情》的散文，在他的笔下，蕴藏着交友的哲理，易懂却十分深刻——

友情的基础是互惠。商人之间友情的基础是利益上的互惠，挚友之间友情的基础是心灵上的互惠。

人有善恶之分，友情有真诚和虚假之说。

真诚的友情，不论在什么时候都是真诚的。虚假的友情，一遇上适当气候，立即就显露其虚假。对于虚假的友情，古罗马哲学家爱比克泰德有一段精彩的描述："你绝不会一看见互相爱抚嬉戏的小狗便说没有比这更友好的了吧？只要在它们之间丢一块肉，你就可以明白它们之间的友谊究竟是什么。"

如果想使友情保持长久，重要的一条，是有时要和朋友保持适当的距离。过于紧密的友情，最终很容易走向双方愿望的反面。物极必反，这是一条普遍适用的原则。

交际是必要，但应该有所节制。你把太多的时间都给了朋友，还有多少时间属于自己呢？朋友固然能够帮你建功立业，但关键在于你本身能否成为伟器。

不要做对不起朋友的事，更不要做违背道义的事；道义应该大于友情，朋友应该重于自己。

平素千好万好，遇到事情立即推卸责任，诿过于人，甚至不惜落井下石，这是一种自以为聪明的愚蠢。这无疑是向世人表明这个人是多么无情，又是多么无耻。

朋友落难的时候，主动伸手去拉他一把；自己倒运的时候，尽量不要去麻烦朋友，这是交友之道，也是为人之道。

汪国真的朋友非常多，有的是相识相知多年的老朋友；有的甚至最初只是他的诗的读者，为他的低调谦逊与处处为人着想的品质所吸引，最终发展成为挚友。这些新老朋友遍布各地各界，文化、政坛、商界，都有他的好友。朋友们组织有意义的社会活动邀请到他时，只要时间允许，汪国真都不会让朋友们失望，尽量抽时间前往参加。特别是有时一些参会嘉宾是来自外地的读者，汪国真更加体谅："外地的读者来北京不容易，既然想见我，我当尽力赴会。"只要他出现在活动现场，汪国真总是会成为焦点，面对会场里响起无比热烈的掌声，汪国真便难以拒绝大家的热情，经常会朗诵上一首《能够认识你，真好》。

汪国真曾写下一首名为《祝愿》的小诗，是为友人的生日而作；多少年后，这首小诗依旧是他祝福万千友人的心声——

因为你的降临

这一天

成了一个美丽的日子

从此世界

便多了一抹诱人的色彩

而我记忆的画屏上

更添了许多

美好的怀念　似锦如织

我亲爱的朋友

请接受我深深的祝愿

愿所有的欢乐都陪伴着你

到远方去　到远方去

熟悉的地方没有景色

　　是的，友情的确会为汪国真带来快乐。好友张宝瑞组织的金蔷薇文化沙龙，汪国真是一个积极的参与者。在这个平台上，每个人都结识了很多新朋友，因为没有商业利益，所以朋友间多是坦诚的交流与文人雅集，游山玩水、诗酒唱和、书画遣兴往往成为独特的风景。

　　在沙龙的一众朋友中，汪国真和司马南最有缘分——两个性格秉性截然不同的文化人竟然是同年同月同日生。2005年初夏的一天，就在金蔷薇沙龙的一次小聚中，大家聊着聊着忽然说到了汪国真和司马南的生日，张宝瑞突发奇想，想到广东东莞的一位企业家正在邀请沙龙朋友前往游玩，便提议说，干脆就去广东给两个人过一次生日。这些文人雅士平时都是各忙各的，聚在一起并不容易，行程都需要提前进行安排，但没想到的是，张宝瑞提出建议后，大家却出奇地一致，纷纷赞同，于是，一行十几人乘着飞机浩浩荡荡飞奔东莞。在东莞，企业家热情地接待了沙龙"访问团"，特别是沙龙的两位寿星，更是受到了极高的礼遇。

在那几天，熟悉汪国真的朋友们看到了他无忧无虑无比欢乐的一面。

在东莞的一座钓鱼池旁，司马南风趣地对汪国真说："我是上午出生的，你得管我叫哥哥。"

汪国真微微一笑，一甩钓竿，说："司马，你说得不对，我是凌晨1点出生的，比你早很多，所以你得管我叫哥哥。"

司马南听了，见占不到时间上的便宜，便话锋一转："你看你长得那么嫩，怎么叫你哥哥？不过嫩也有嫩的好处，难怪那么多女孩子喜欢你。"说完哈哈大笑起来。

汪国真也不示弱，回应说："你看你那么杠头，总是跟别人较劲，女孩子老远看到你，早就给吓跑了！哈哈哈……"

在东莞游玩的间隙，一行人还做了游戏。游戏也很文人气，就是大家轮流背诗。这个儿时百玩不厌的游戏一下子唤起了大家的童真，就连一直以儒雅示人的汪国真也尽情地陶醉在游戏里，有时争吵有时欢笑，可爱地任性恣肆。不过，轮到他这个大诗人背唐诗时，他却卡了壳儿，可是他灵机一动，发挥诗人的才智，根据意境随口吟出诗句来，本以为可以蒙混过关，可这是文化人的雅集，谁说没人知晓唐诗，于是，汪国真以"汪诗"代替唐诗的把戏就被揭穿了，遭到大家的一致呛声，而汪国真却已经自顾自地大笑个不停。

欢乐的时光总是转瞬即逝，但却不会被汪国真忘记，成为收藏在记忆里的宝藏。与同年同月同日生的友人有一次这样疯狂的说走就走的旅行，无论是汪国真还是司马南，或许一生当中这只是唯一的一次。

2007 年的秋天，金蔷薇沙龙的朋友们又来到了甘肃敦煌。茫茫的沙漠上，驼队在晚霞中缓缓而行。天际已成红色，美得无比惬意。汪国真从骆驼的背上跳下来，牵着骆驼缓缓前行，仿佛是要放缓时间，感受这美好的时光。不远处的张宝瑞看到了，走过来与他一起一路牵着骆驼走向天际。张宝瑞与汪国真相识 20 多年，有时是文友，两个都曾为彼此的书撰写序言；有时是好友，一起参加活动，一道把酒言欢。不过，作为金蔷薇文化沙龙的发起人，张宝瑞每次都是活动的组织者，友人众多，方方面面都要照顾到，所以即使经常会和汪国真相见，但两个人却很少有机会深聊。今天，或许是两个人难得的时机。

张宝瑞问："我听说你在成名之前，也经历了一些杂志社、报社的冷眼和退稿？"

汪国真听后，感慨地回答说："我没有任何家庭背景，是单枪匹马拼杀出来的。没有任何关系，但我想，我努力、坚持，就会成功。"

张宝瑞若有所思："不管怎样，你应该庆幸，毕竟是成功了，说明魅力在于你的诗歌本身。"

晚霞渐渐褪去，远山朦朦胧胧，变换成黛青色，分外美丽。汪国真望着远方，仿佛从遥远的记忆中回到现实，说："生活中有丑恶、沮丧、狭隘，有让人沦丧的东西，也有积极乐观的东西。我的诗歌就是为了展现美好人性，阐述心灵。我的诗离政治远了点，但离生活很近。"

张宝瑞忽然问："你后来为什么把精力转向了书法创作呢？"

汪国真说："当时有人批评我，说我只会写诗。那时候年轻，就想证明我也有其他方面的才华。况且艺术都是相通的，我当时为读者签名时，觉得自己的字很差，所以从1993年起，我就开始临摹欧阳询的楷书、王羲之的行书和楷书。我练习书法，有人说我有商业目的，实际上，书法和绘画只是我的爱好，至于能带来经济效益，并不是我刻意而为。"

张宝瑞又说："有人说，海子死了，汪国真冒出来了。有人说你的诗是心灵鸡汤。"

汪国真笑了笑，说："要允许百家争鸣，鸡汤也是有营养的嘛。"说完，汪国真骑上骆驼，轻快地向前走去。

张宝瑞看着他的背影，熟悉、亲切却又那么丰厚，他也笑了笑，骑上骆驼，向着汪国真的背影追去。

汪国真在河北大名人书画院创作，右为唐思远

2011年11月5日，汪国真在李素红长篇小说《花落红尘》作品研讨会上讲话

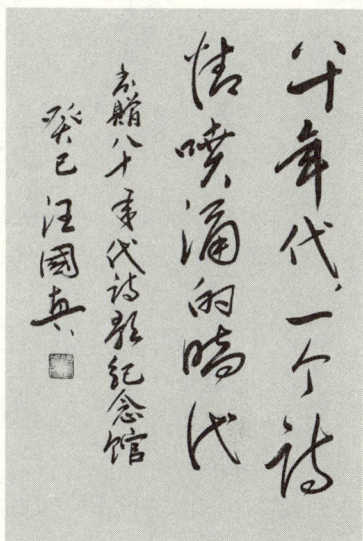

八十年代，一个诗情喷涌的时代

志赠八十年代诗歌纪念馆

癸巳 汪国真

2013 年，汪国真为八十年代诗歌纪念馆题词

左起：司马南、汪国真、张宝瑞、白伯骅、李春波

第二十章　最后的时光

2013 年 8 月，Be My Guest（中文名：尚客私享家）创始人潘杰客找到了汪国真，邀请他参加一档名为《为你读诗》的节目。最初，汪国真并不知晓《为你读诗》，听过介绍后，却心有所动。《为你读诗》由潘杰客携手国内多位不同领域的翘楚共同发起，以读诗的方式，为现代社会中奔忙的人们，探寻一片可以让灵魂栖息的诗意。节目自 2013 年 6 月 1 日创办以来，每天晚上 10 点，都会通过微信平台播出一位特别来宾的读诗。可以说，在一个浮躁的时代，《为你读诗》送来的是一份心底的宁静。不过，节目开播两个月来，虽然已经播出了很多知名人物的读诗节目，但仍然没有被诗人们认可，而且社会影响也较为有限。于是，在潘杰客的邀请下，热心的汪国真成了国内第一位参与《为你读诗》的诗人。

2013 年农历七夕（8 月 13 日），在《为你读诗》的特别节目中，汪国真为听者奉上了他的读诗，而配乐也来自汪国真的原创音乐。汪国真读的是一首他自己的作品，名为《嫁给幸福》——

有一个未来的目标

总能让我们欢欣鼓舞

就像飞向火光的飞蛾

甘愿做烈焰的俘虏

摆动着的是你不停的脚步

飞旋着的是你美丽的流苏

在一往情深的日子里

谁能说得清

什么是甜

什么是苦

只知道

确定了就义无反顾

要输就输给追求

要嫁就嫁给幸福

　　2014 年农历新年刚过，湖南卫视王牌栏目《天天向上》邀请《为你读诗》制作一期特别节目。汪国真与姜昆、夏雨、常静、邱思婷等作为《为你读诗》的读诗嘉宾受邀参加了节目的录制。作为大学生们最熟悉的诗人之一，汪国真一出场就收获了热烈的掌声。节目中，他再次读起了《嫁给幸福》，尽管观众以年轻人居多，在汪国真红遍大江南北的时代，他们尚是嗷嗷待哺的孩子，但今天，他们依旧被他的诗所感动，因为共鸣而鼓掌。

面带微笑的汪国真，其实此时的内心是充满感慨的。时光荏苒，他的诗魅力依然，这一点已经有了多方面的印证，特别是时至今日，他的诗集在他走红后的 20 余年间盗版不断，尽管作为作者的他痛恨盗版，但盗版的原因是他的诗集有市场，是读者对汪国真的诗歌不变的喜欢，这何尝不是诗人最感欣慰的呢！

尽管他的诗依旧深受读者欢迎，但汪国真也没有忘记现实，如今的时代已不再是一个属于诗歌的时代。他曾经说："虽然现在每年都还有出版社找我出版诗集，但诗歌已经很难再回到我那时候的高峰了。我现在主要把精力放在了书画、音乐上面。"这样的想法影响着近年来汪国真事业发展的方向，他不仅在书法、绘画、音乐领域著作颇丰，而且已经顺应了新时代的变化，接纳并尝试着与传统艺术相关的新的传播方式。

2014 年 10 月开始，当汪国真以主持人的身份出现在广东卫视一档全新的栏目《中国大画家》时，再次引起社会的普遍关注。尽管对于主持人的身份，汪国真并不陌生，甚至早在 1991 年就已经在中央电视台的青年主持人选拔赛中收获了第 6 名的好成绩，但是，在已知天命的年龄，这样的选择对于汪国真来说究竟意味着什么呢？事实上，汪国真在此前早已明确了自己的事业方向，就是集诗、书、画、曲"四绝"于一身，那么，跨界于电视节目主持人，会是他的选择吗？当广东卫视这档全新的栏目向他抛来橄榄枝时，汪国真竟然有些犹豫了。

《中国大画家》定位为大型原创文化艺术竞技类真人秀节目，以弘扬中华传统文化、发掘具有潜力和创新精神的国画人才为宗旨，在充分展现国画魅力的同时，为国画画家、爱好者、收藏家搭建一个藏品鉴赏、投资、公益等的交流互动平台。广东卫视力求将《中国大画家》办成一档弘扬和传承中国传统绘画艺术、繁荣国画创作和艺术品市场、充满中国梦正能量的节目。

正是这样的节目定位，对汪国真充满了诱惑。可以说，近年来，汪国真已经做到了诗、书、画、曲皆精，四大领域无不取得骄人的成绩，即使是最晚涉足的音乐领域，除了有诸多歌曲问世之外，他作曲的作品《晓出净慈寺送林子方》还被选入了中国音乐学院的教材《中国古典诗词歌曲教程》一书。正是四大领域的成就喜人，汪国真萌生了桃李之心，渴望帮助一些正在艺术路上探索前行的后来人。那么，《中国大画家》或许就搭建了一个这样的平台，既可以发挥他在书画领域的积累与才华，又可以接触民间艺术家，挖掘遗落在民间的国画精英。于是，汪国真欣然接受了节目组的邀请，跨界主持文化类栏目《中国大画家》。

《中国大画家》刚一开播，这种通过电视选秀节目向社会公开选拔"大画家"的举措便在画坛引起了不小的震动，有好评，但也有质疑。担任主持人的汪国真却对节目给予了高度肯定："就像我的一首诗写的，'熟悉的地方没有风景'，这档节目给我们展现了不一样的风景，很有创新性，仅此一点，我就要竖大拇指。它能使更多的观众了解中国画，培养更多人的兴趣。更重要的是，这个节目为体制外的书画家打造了一个展现自我的平台，这非常好。"

对于外界的质疑，汪国真却有自己的看法："任何新生事物都会伴随非议，流行歌曲选秀节目刚兴起时非议声更大！赞美与批评就像孪生兄弟，总是相伴而生。不管怎么说，《中国大画家》已经激起大众对绘画艺术的关注，单就这点，我觉得节目已经成功了。"

出于对主持工作的喜爱，也出于对挖掘艺术人才的渴求，汪国真与《中国大画家》结下了渊源。每次录制节目，汪国真都会因为念及自己缺乏舞台经验而备感压力，但在观众看来，他的儒雅与博学却充满着别样的魅力，特别是节目中每一幅参赛作品出现时，汪国真都会即兴赋诗，这样的功力不仅主持人不可能具备，即使对于台下有充裕时间研磨的诗人而言，也不是一件易事。然而，汪国真却应对自如，看到了画，脑海里已经呈现了意境，诗词便脱口而出。正因如此，与其说是欣赏《中国大画家》，不如说是随着汪国真在触碰文化，意味深远而悠长。

栏目能够取得成功，汪国真感到心满意足。满足之外，令他没有想到的是，《中国大画家》竟然也吸引了很多电视台的关注，而且纷纷向作为主持人的汪国真抛来橄榄枝。那一段时间里，陆续有几家电视台找到汪国真，邀请他担任一些文化类栏目的主持人。不久后，河北卫视的《中华好诗词》、陕西卫视的《唐诗风云会》相继开播。汪国真以中国传统文化为根基，跻身主持人行列，仿佛已经迎来了事业的第二个春天。

然而，似乎天妒英才，生命却在此刻亮起了红灯。

2015 年 2 月，春节将至，在北京陪着母亲筹备春节的汪国真，却因为朋友的邀请，准备前往海南三亚参加活动。母亲李桂英听说儿子要去海南，从不曾过多影响儿子决定的老人却忽然劝说他："再有几天就过春节了，不然就别去了。"

汪国真听了，笑着回答母亲说："是一个朋友的活动，我不参加，他们会失望的。您放心，我只去几天时间，然后就回来陪您过春节。"

母亲李桂英听了，不再说什么。不过，她没想到的却是，就在汪国真赶赴海南三亚临行前的那个夜晚，她却做了一个噩梦，在梦里，李桂英发现有人在害她的儿子。李桂英惊醒了，在黑暗中拧亮了灯，发现刚刚是凌晨时分。可是，从不迷信的李桂英却再也无法入睡，睡意早已被噩梦所驱散。她的脑海里一直回放着梦中的情境，心也在不安地跳着。李桂英想要给儿子打电话，看了看时间，却又担心影响到儿子的休息，于是就一个人在床上熬到了天亮。当天际已白的时候，李桂英猜想儿子已经起床了，便迫不及待地给汪国真打去了电话，开口便问："你在哪儿呢？"

汪国真回答母亲说："我正好要出门，准备去海南。"

李桂英又问："都好好的吧？没什么事吧？"

汪国真对母亲的问话感到很奇怪，一边回答说都好，一边问母亲是不是有什么事。李桂英想了想，还是没有把做噩梦的事告诉儿子，只是叮嘱汪国真出门在外路上多注意安全，早去早回。

汪国真笑了，心想，自己都这么大了，母亲怎么还像对待小孩子一样叮嘱自己。于是，他心里带着浓浓的暖意，在春节前夕踏上了海南三亚之旅。不过，抵达三亚以后，汪国真很快感觉到了身体的不适。潘杰客等朋友在登山时，他就在海边散步。出海时，他就静静地坐在游艇的一隅，一如既往的温和，只是没人知道，他正为自己身体的不适而感到焦虑。晚宴时分，为了给朋友们助兴，汪国真还为大家朗诵了自己的作品，并特别提起了习近平主席在 2013 年亚太经合组织领导人非正式会议上引用他的诗句："没有比人更高的山，没有比脚更长的路。"

　　然而，平静中往往蕴藏着危机。还在三亚的时候，汪国真就给上海的助理侯军打去了电话，按照约定，三亚的活动结束之后，他会先飞抵上海，然后再从上海返回北京过春节。但在电话中，汪国真告诉侯军，如果他仍觉不适，就不去上海，直接回北京了。侯军很了解汪国真，他一直是渴望把自己最好的一面呈现出来的人，如果他说感到不适，那么一定是出了问题，所以侯军劝他尽快去当地的医院看一看，如果身体不好，就尽快医治。过了一天，侯军接到了汪国真的电话，他告诉侯军，身体已有所好转，他决定还是第二天先到上海。2 月 12 日晚上，侯军便在上海浦东机场接到了从三亚飞来的汪国真。然而，旅途的劳累却让一度以为身体已经恢复的汪国真再次感到不适，头晕乏力，状态很不好。于是，侯军连夜将汪国真送去了医院，因为是晚上，只能在医院看急诊，但无法进行深入诊断。医生看了看汪国真的情况，暂时安排给他输了液，但建议他第二天诊断一下是否存在肝部疾病。输液之后已是深夜，汪国真和侯军回到了上海大厦的工作室内，在工作室的卧房内度过了到上海后的第一个夜晚。

　　那一夜，侯军是怀着忐忑的心情度过的。他很清楚，如果不是真的有问题，汪国真是不会主动要求去医院的，但病情的根源究竟在哪里呢？侯军充满担心。不过，经过一夜的休息，第二天早上起床后，汪国真的状态已经有所好转了。侯军劝说他再去医院看一看肝的情况，但汪国真却觉得吃一些养肝的保健药就可以了。于是，一大早，侯军便在工作室所在街道的药房一直到南京路上的药店间穿梭，跑了十几间药店，都没有找到汪国真所说的那种产自福建的养肝药，不得已就买了另外一种保肝护肝的药带了回来。吃了药的汪国真状态渐渐好了起来，便让侯军订好第二天返回北京的机票，毕竟距离春节只有几天时间，仿佛有一种归家的急切，在此时忽然变得那么清晰。不过，侯军却劝他在上海过年，因为他很了解汪国真，他骨子里很喜欢南方，无论是气候还是氛围，都在他的心中比北京更能令他感到滋润，但汪国真却是传统的，在他的概念里，只要是过年，就一定是要在家里和家人一起度过的，所以他谢绝了侯军的好意。

2月14日，距离农历三十只有4天时间，汪国真踏上归途。这一天也是西方的情人节，在时尚的上海，新年的气息与情人节的暧昧味道相互交织，那么诱人。在前往机场的路上，坐在车中的汪国真透过车窗打量着外面的世界，如果是在以往，或许他会被这个特殊日子的气氛所感动，很可能在脑海里浮现出一首无比优美的诗，可是那天他却依旧感到乏力。

回到北京的汪国真在家休息了一晚，第二天在妹妹汪玉华的陪伴下去了北大医院。汪国真原本以为在医院开些药带回家就可以了，但没想到的是，当天就被安排住进了医院。经过北大医院的医生初步诊断，怀疑是肝部病变。于是，医院进行了进一步检查，2月17日，增强CT的结果出来后，认为极有可能是肝癌。肝癌？曾经在1999年与死神擦肩而过的汪国真却对病情十分乐观，甚至怀疑有误诊的可能。远在上海的侯军也希望是医院误诊，但他一定要为病情找到真实的答案，于是，拿着北大医院的增强 CT 检查结果找到了中国科学院院士、被誉为"中国肝胆外科之父"的 94 岁的肝胆外科专家吴孟超，没想到，吴院士在看过片子之后，十分肯定地告诉侯军，汪国真已经是肝癌晚期。

　　沉重的消息传来，无论是汪国真本人还是他的家人都颇感意外。一直没有征兆，一朝住院，却已是肝癌晚期。不过，是否意外已经不重要，重要的是尽快以合理的方式加以医治，最大可能地争取生的希望。于是，几经周折，汪国真由北大医院转入了医治肝胆疾病较为权威的中国人民解放军第三〇二医院，按照吴孟超院士建议的中西医结合方式展开了治疗。

　　住院的时光是漫长而痛苦的。不过，汪国真却是乐观的。他一直觉得，即便死神在招手，他也一定可以扛过去。他曾在书中读到很多患者战胜癌症的故事，面对癌症时，人的意志很重要，一个意志坚强的人很有可能会让癌细胞在不知不觉中就被消灭。而且，远在上海的"中国肝胆外科之父"吴孟超院士也曾表示过，治疗之初的三个月时间十分关键，如果患者熬过去了，很有可能就会战胜病魔。汪国真觉得，自己应该会活下去，他想起了 1999 年的那段经历，他也曾被宣判为肝癌，但他最终还是战胜了病魔，微笑着与死神擦肩而过。今天，他或许可以再次创造一段奇迹，战胜病魔，健康而快乐地活下去。忽然，汪国真想起了他曾经写下的诗，其中就有他对生命意义的感知，比如那首《让我们把生命珍惜》——

　　　　世界是这样地美丽

让我们把生命珍惜

一天又一天

让晨光拉着我

让夜露挽着你

只要我们拥有生命

就什么都可以争取

一年又一年

为了爱我们的人

也为了我们自己

　　汪国真和妹妹汪玉华并没有把病情告诉老母亲李桂英，可是因为春节临近，母亲却忽然打来了电话。那一天是 2 月 17 日，第二天便是农历春节，想着一家人团聚的李桂英在电话中问儿子："什么时候到这边来？"

　　汪国真停顿了一下，对母亲说道："我住院了。"

　　李桂英十分意外，怎么会突然间住院了呢？汪玉华才将哥哥生病的来龙去脉告诉了母亲。尽管兄妹俩并不想让母亲来医院，但李桂英却执意要去看望儿子。春节期间的医院里十分冷清，只有少数值班医生仍旧在坚守岗位，平添了空旷、寂寥。心怀忐忑的李桂英走过长长的走廊，在走廊深处的一间病房里终于见到了她无限牵挂的儿子。李桂英仔细看着儿子，脸色很黄，精神状态也很差。莫名间，李桂英心里忽然很害怕，对病情充满了担心。两年前，也是在春节前夕，汪国真的父亲病危入院，曾经使老人备受打击。如今，儿子又在这样的时间病重住院，对于一位年迈的母亲而言，那种害怕包含了极为复杂的情感。而医生陈述的病情确实不容乐观，无论如何，积极治疗都是必须的选择。汪国真当时的黄疸十分严重，在征得家属同意之后，医院进行了引流。一般情况下，引流手术往往会引起感染，但庆幸的是，汪国真的引流手术很成功。而病重住院的汪国真一直很乐观，总是拿1999年的经历劝慰母亲，他觉得自己这一次也一样会挺过去，让母亲仿佛看到了希望。然而，病情总是在反复间。

　　汪国真病重住院的情况并没有过多人知晓，家属也只是通知了几个同汪国真关系密切的友人，其中就有汪国真的徒弟李素红。李素红匆忙赶到北京后，终于见到了病榻上的师父。师父躺在那里，与往日他那总是神采奕奕的形象相去甚远，面色很黄，身体消瘦，不禁令李素红心中充满酸楚，眼里噙着泪，却不忍心流下来。她慢慢走到师父的病床边，师父睁开眼正看着她。因为防护需要，李素红按医院的要求戴了一副大口罩，她知道，师父很难分辨出她是谁，于是，她俯下身，在汪国真的耳边轻声说着："师父，我来了。"汪国真的眼中闪现了光芒："你怎么来了？"李素红指了指站在病房隔离窗外的汪玉华，汪国真点了点头，眼角却流下了泪水。

　　春节期间的重症病房，生死离别依旧在上演。很多病人的家属24小时守候在病房外，既要照顾病人，也要应对病人的突发状况，很可能下一时刻就是别离。李素红决定留下来，承担起照顾师父的责任。她像其他病人家属一样，在附近超市购买了一大堆生活用品，包括给师父熬粥的锅，然后又在医院附近租了一个房间，做好了长期照顾的准备。

那段时间里，汪国真的病情依旧很严重，虽然他有着很强烈的生的意念，但现实却很残酷。万分焦急的家属不断想着办法，在按照医院的治疗手段医治的同时，也在朋友的介绍下，请远在云南的一位中医名家根据汪国真的病情为他开了中药。不过，中医的治疗似乎晚了些，十副中药只吃了两副时，汪国真的病情已经恶化。4 月 26 日凌晨 2 时 10 分，汪国真永远闭上了眼睛，享年 59 岁。

第二十一章　身后的潮

2015 年 4 月 30 日，这是一个普通的日子，却因为举行汪国真追悼会而变得不再普通。

一大早，北京西郊八宝山殡仪馆的东厅礼堂内外已经站满了胸前佩戴白花的人。他们都是来为诗人送行的，不仅有汪国真的亲属、生前友人，更有大批来自全国各地的陌生读者。他们仍然觉得诗人没有走，却不得不接受现实，见他最后一面，祝诗人在天堂安好。

东厅礼堂内外肃穆，礼堂大门上悬挂着大字横幅，上面写着"沉痛悼念汪国真先生"，左侧挽联上书"期待的时候总是很长"，右侧则是"相聚的时候总是很短"。礼堂大门的两侧，则竖立着巨大的屏幕，循环放映着汪国真的生前影像，其中还有一段动人的语言："我们深信：你并没有离开我们，你只是换了一个活法，你永远活在我们心中！"中国艺术研究院、文化部直属机关党委等有关单位及各界亲友送来的花圈、挽联更从告别大厅一直摆到了礼堂外的广场上，仿佛如两道长长的墙，书写了对诗人的赞誉与思念。

母亲李桂英在挽联上写下了"爱子永生"，寄托了一位伟大母亲的哀思。

其他亲人在花圈的挽联上写下了汪国真的诗句，寄托痛挽之心。儿子汪黄任写下的是："生命是自己的画板，为什么要依赖别人着色。"妹妹汪玉华写下的是："愿所有的幸福都追随着你，月圆是画，月缺是诗。"堂兄汪国恭写下的是："是男儿总要走向远方，走向远方是为了让生命更辉煌。"堂兄汪国防写下的是："太深的流连便成了一种羁绊，绊住的不仅是双脚，还有未来。"堂弟汪国筑写下的是："我醒只是因曾经深迷，我悦只是因曾经极痛。"侄子汪建顺写下的是："如果我离你而去，谁能再为我弹一曲高山流水。"

友人和读者也为汪国真写下了告别的挽言，惋惜之情感人至深。作家张宝瑞写的挽联中包含了老友的名字："国有奇才撼四方，真为诗俊惊天下。"书画家吴欢则在挽联中写下了对诗人的崇敬："有人说汪国真不算好诗人，好诗人不如汪国真。"书法家庞中华的挽言在平实中见真情："国真兄弟永垂不朽。"文学评论家白烨则写下了："汪国真安息吧。"……

原本十分开阔的告别大厅显得十分狭小，挤满了赶来送诗人最后一程的吊唁者。而更多的吊唁者则排列在东厅礼堂外的广场上，等候吊唁的时刻。

上午8时，追悼会正式开始。汪国真的亲友纷纷进行了悼念。儿子汪黄任的悼词令人动容："2015年4月26日凌晨2时10分，时间在此刻停止。家父汪国真因肝癌医治无效，不幸与世长辞。他的突然离去，让这个世界在我面前忽然变得面目全非，冰冷陌生。从此我们父子俩阴阳两隔，只剩下我。从确认病情到现在，父亲的身影变得可望而不可即。他穿着平整的西服，梳理着一丝不苟的发式，戴着一架金丝眼镜，冲着我笑。想起这些，我却很平静。我是真的觉得，他只是站在远方，留给我一个背影，但却从来没有离开。……父亲酷爱读写诗歌，生活就是他创作的源泉。与父亲一起就写作切磋砥砺，是我生活中最闪亮的记忆。父亲曾经说过，他创作的灵感来源于真实生活，不变的是追求，不改的是乐观。'不是我任岁月蹉跎，而是无人让我心折'，父亲积极达观的人生态度，昂扬洒脱的生活态度，激励着我不断前行。"

暨南大学领导作为校友代表进行了发言，讲述了汪国真平和亲切的为人，感慨他即便在成名以后，参加母校的活动也从来都义不容辞，无论多忙一定出席的往事。最后，借用汪国真《山高路远》中的经典诗句深情送别。

9 点 30 分，遗体告别仪式结束。汪黄任手捧父亲遗像走出了吊唁厅，汪国真遗体随后火化。当天下午，汪国真的骨灰被安葬在了北京思亲园墓地。

有人说，汪国真的诗影响了一个时代。如今，那个时代虽然已经远去，但汪国真却并未被时代所遗忘。如果诗人泉下有知，这一天千人为他送行，不仅有人在挽联中引用他的诗，更有人带着诗集来送他最后一程，那么，汪国真一定会为他不平凡的一生而心感无憾了。事实上，汪国真逝世后，关于他的新闻一直在发酵。由于汪国真住院期间患病的消息一直对外界封锁，因此，除了一些关系密切的朋友，外界并不知晓汪国真的病况。直到诗人去世，外界才在诧异中获知了消息。

4 月 26 日上午 9 时 31 分，汪国真工作室首先在微博上发布了消息："我们无法相信，更不可能接受，历历往事，就在眼前；我们无法遗忘，根本就不会忘却，音容笑貌，谆谆教诲。岁月如此无情，何来妙手回春？天妒英才，只怨我辈无能。长叹人生百十岁，我恨人生六十载。"随后，诗人潘婷于 9 时 48 分更新了微博："诗人汪国真今凌晨两点十分去世。"诗人大卫也在 10 时 09 分发布微博说："不敢相信，诗人汪国真今凌晨两点十分去世，刚打手机，接电话的是他妹妹。这是一个非常谦逊的人，有君子之风。与他出行过几次，印象特别好，音容笑貌依在……没有比脚更长的路，没有比人更高的山。"

很快，各大媒体相继发布汪国真离世的消息，由此引发了一股强烈的新闻热潮。几天时间里，各大媒体的热点词汇无不是"汪国真"，不仅有汪国真患病离世的新闻报道，也有以往对汪国真进行访谈的重新刊发和汪国真艺术事件的旧事重提，更有对汪国真经典作品的推介与解读，还有对曾经影响全国的"汪国真诗歌现象"的分析评论……热度虽不及当年汪国真诗歌红遍中国时的火爆，却并不逊色许多，已成为举国上下为之关注的文化热点。在新媒体飞速发展、新闻事件已需要公关策略服务的当下，社会对诗人离世的持续关注，说明的是，汪国真的诗不仅是 20 世纪 90 年代的文学神话，即使时至今日，仍然影响至深。

一些友人的回忆文章陆续进入了读者的视线，在文字中，他们回忆了与诗人曾经的点点滴滴——

作家杜卫东将一篇未曾在报刊上公开发表的 25 年前的旧作《汪国真印象》分享给读者，在文前，他写下了题记："今日国真远行，翻出这篇旧作读来不禁心绪难平。在他远赴天国的路上，已有了那么多送行的花，但愿这篇小文能化作几朵黄菊，祭奠于他的灵前。"虽说是旧作，却更加珍贵，因为作家的笔触真实地记录了当年尚且年轻的诗人汪国真："汪国真总是那样恬静。微笑着走进来，递上一叠诗稿便默默地等待你的评判，毁誉皆由他人，自己从不争辩。他的人有如他的诗。深沉得如一泓秋水，纯洁得似一片白云。一晃儿，五度春秋，几多风雨。汪国真竟如一座奇峰，突起在寂静了多年的诗坛。他手中的一支笔，仿佛特别被缪斯点化了一般，为那么多的青年男女所痴迷。他们随着他的笔，时而驻足生活岸边，时而徜徉伊甸园内，时而梦登人生峰巅，时而信步友谊桥畔，去领受，去破解，去解悟……成名以后的汪国真一如既往：不浮躁，不狂妄，不故作高深，不矫揉造作。'卫东，我很感激你，真的。'被鲜花和掌声簇拥着的汪国真每每在电话中真诚地对我说，'我所以获得成功，和一些人的帮助是分不开的。其中一个便是你！'我却不安。因为我知道，冰山所以显露出来，不只因为退潮，而且因为它的底座曾经被海水遮盖。"

作家、书画家张宝瑞在《纵横》杂志刊发的《告诉你一个真实的汪国真》一文中，记录了他们曾经的一段对话："去年（2014 年）12 月中旬，我曾打电话给汪国真。我们一起在 20 世纪 90 年代初期办的金蔷薇文化沙龙要在北京鼓楼一个会所举办联谊会，我让他参加。他已于去年年初回家乡福建厦门，在一个工作室隐居创作。他在电话里说：'宝瑞，我真想沙龙里的朋友，真想参加，可惜去不了，在这期间要在海南参加一个海峡两岸诗歌研讨会。'接着他兴致勃勃地说：'我现在在广东卫视主持《中国大画家》栏目，已经主持了 13 期，台领导反映不错。有的城市电视台也想请我做主持人。另外，我在上海成立了工作室，山东也成立了汪国真诗歌研究发展中心.'我能想象得到他眉飞色舞的神情和兴高采烈的样子，我真为这个结交 20 多年的挚友高兴。"

文化学者司马南在汪国真追悼会举行的前夜，撰写《金蔷薇》一文，回忆他们在金蔷薇文化沙龙中的点滴："几年前山东卫视《中华达人》要给我出一本诗集，电视台领导把你当诗坛大人物请来，你老小子一听说司马南要出诗集，脸笑得像被人搓揉过的芍药，而且笑个不停，笑我就算了，末了还问别人：司马南会写诗我怎么不知道？他朗诵我的诗还差不多……这不是糟践人吗？君子不成人之美还叫什么君子？你实事求是也不能不照顾兄弟！我恨你在诗坛上混好了不带我玩儿，你破坏了我成长为'老年打油诗人'的梦想。我恨你爽约，说好了 6 月 22 日，还要在一块儿过生日，你现在一句话没留下撒手西去……"

一批具有思想深度的评论性文章也相继问世——

北京大学中文系教授、文化学者张颐武在《汪国真：被低估的诗人和他的时代》一文中评论说："汪国真让那个时代的青年在青春的感伤中流连，发现那些具体的悲欢，感受生命的丰富和日常生活的微妙。他让年轻人回到个体的感受之中去体味生命。他的诗没有 80 年代朦胧诗的现代主义维度，但他把大叙述层面上的关切，化为细小真切的浅吟低唱，成为让普通青年理解的小感悟，从而让人们的人生变丰富。这让 80 年代凌空蹈虚的宏大'主体'，化为真实具体的'个体'，赋予了当时的年轻人发现自己具体生活的能力。因此，他的诗变成了警句格言，流传在青年中就是极容易理解的事情了。汪国真的诗让中国当时的青年获得了一些小感悟、小启迪，这些其实都对他们的人生有益，对他们应对急剧变化的世界有益，也让他们能够平稳地适应中国从计划经济到市场经济的深刻转型。当然汪国真的时代很快就过去了。到了 90 年代后期，年轻人有了更多的大众文化，不再把他的诗作为自己的'生活必需品'，汪国真又受到纯文学界的轻视。他似乎进入了两面都找不到位置的境地。但今天来看，其实汪国真被低估了，他的诗虽然清浅，但也有些意味；在文学上未必能成家立派，但在当时文化中的意义却不容低估。他有属于自己的特定时代，也有自己对诗歌的贡献。这些都会留下来。斯人已去，过化存神，他的作品和他的时代仍然会激起我们的感慨和追忆。"

诗人洪烛在《今晚报》刊文《不可复制的汪国真》，他在文中说："汪国真被特定时代打造成了'文化英雄'。他对大众文化是有意义的。从某种意义上讲，汪国真是新时期第一个涉足大众文化和图书市场的文人，是第一个吃螃蟹的人。余秋雨是第二个。他们让文学走向市场，但在文学圈内容易被喝倒彩。我印象特别深的是，90 年代初我们在《女友》杂志开会，汪国真跟我说他压力非常大——那时候诗歌界发起了'倒汪运动'。我既能理解汪国真，也能理解诗歌圈。汪国真有自己的审美坐标，那就是'真善美'——这也是世人的审美标准。然而，我们这个民族对文学和诗歌，在专业程度上的要求是非常高的。除了在'写什么'上要有'真善美'，还要在'怎么写'上达到'高精尖'。汪国真在'真善美'上毫无疑问有积极一面，但在'怎么写'上，诗歌也是有段位的。新时期以来，中国诗歌进步非常快。之前北岛、舒婷刚火的时候，就出现了'打倒北岛，Pass 舒婷'的口号。在诗歌界，颠覆似乎是一种传统。但是，纯文学有时太纯了，水至清则无鱼，反而容易和大众绝缘。汪国真创作时的那种'身高'，却恰恰是和读者平等的，是接地气的。而当时，中国很多精英诗人在凌空蹈虚，他们对汪国真不屑，有时也对大众不屑。"

诗人黄亚洲撰写了一篇《还是做他的汪国真比较好》，说："我亲耳听见在一次校园活动中，当主持人介绍到'汪国真'三字时，掌声与欢呼声突然掀起的惊涛骇浪。这不是我们的文艺作品梦寐以求的心灵谐振效果吗？写东西的人还企求别的什么呢？至于有人说汪国真的作品只是警句，只是歌词，不先锋，不艺术，不朦胧，不奇巧，不深邃，不能激发人们更深层次的感觉，这就要分析了。这些评说，或许有几分道理，但是，你想，中国的诗人队伍大了去了，完全可以有足够的诗人去探索去先锋，写出别样的震动人们灵魂的诗作，但不能要求汪国真就非得这样来'超越自己'，依我看汪国真没有必要掺和其中，汪国真就做他的汪国真好，他的真切的奉献就在于他的实实在在的励志，他的对青春的鼓动，对爱情的讴歌，对希望的热衷，对生命的赞美。"

作家徐萧在《东方早报》上一篇题为《汪国真为何被诗歌圈远离》的文章中说："在中国新诗不算长的历史里，我们常常能看到，一个诗人在大众间很受欢迎，但在诗歌界却评价不高，比如徐志摩、席慕蓉，比如仓央嘉措。但他们都比不上汪国真。凡是读过书的人，即便没听过汪国真这个名字，也多半读过他的诗歌；即便没读过他的诗，也一定会在某个朋友的座右铭、作文题记，尤其是 QQ 空间签名状态里看到过汪国真那被作为名言警句的诗句，比如'既然选择了远方，便只顾风雨兼程'。但在各种流派林立、从来无法形成统一意见的诗歌界，对待汪国真的态度却出奇地一致：看不上，远离他。这种看不上和远离，不是针对他的人品，而主要是从诗歌作品出发，以至于常常可以听到'伪诗人''警句集成''心灵鸡汤'这样的评价。汪国真本人和他的诗歌所受到的极端两极化待遇，不仅在现当代中国诗坛，即便放到整个中国汉语新诗史，甚至加上外国的，都可以说是个异数。他在文化现象中的意义，可能远远大于他的诗歌本身，但至今还不太看到严肃而认真加以讨论的。4月26日凌晨，汪国真因肝癌离世，去了他所说的'远方'。他的离开，或许提醒我们是时候要重新审视他背后的文化现象了，而不应只是停留在类似于'他是真诗人还是伪诗人''他的诗是伟作还是鸡汤'这样的讨论上。事实上，可能我们连后面那种讨论都没有真正展开过。"

自发的各种形式的悼念活动也在各地陆续上演——

2015年4月30日，江苏南京，江苏省朗诵协会发起，在南京金陵图书馆举办了"读你·汪国真"大型诗画朗诵音乐会。朗诵音乐会由江苏教育频道主持人陈烁主持，分为《热爱生命》《感谢》《背影》三个篇章，江苏省广播电视总台新闻主播（主持人）王凯、林杉、傅国、徐涛、王沛、文岚、关心、李杰，南京广播电视总台的大刚，高校教授赵志刚、李佳、宋奕、朱俊瑛以及南广、南艺、南师大、河海、三江等高等院校及南京中华中学师生、秦淮朗诵表演艺术协会朗诵者先后登台朗诵了汪国真的《热爱生命》《如果生活不够慷慨》《选择》等经典诗作。

5月3日，河北石家庄，燕赵青春诗社、河北省诗书画印艺术研究会诗歌委员会主办了"雅韵长存 风流永驻——深切缅怀汪国真先生诗歌朗诵会",有50余名诗歌爱好者深情朗诵了缅怀汪国真的诗歌作品。

5月4日,内蒙古呼和浩特,举行了一场名为"揖别汪国真风雅诵"的诗歌朗诵会,呼和浩特市100多名诗歌爱好者通过朗诵及创作诗歌的方式抒发了对诗人汪国真的怀念之情。现场的许多诗歌爱好者表示,他们非常喜欢汪国真的诗,汪国真的诗曾经伴随他们度过了美好的岁月。80多岁的李淑章是内蒙古的知名学者,他的那一句:"国真,你听到了吗……"让现场的许多人潸然泪下。

5月6日,广西南宁,在凤岭二中校区内的城市书房内,广西电视台的主持人、漓江出版社的文学编辑、南宁文学院《红豆》杂志的编辑与广西诗人、作家以及各行各业的"年轻人"聚集在一起,伴随着优美的吉他声,用饱含着深情的嗓音,朗诵着汪国真的传世之作。

5月10日,湖北襄阳,襄阳市诗歌研究会主办了"永远的诗人 永远的诗——襄阳诗人纪念汪国真诗歌朗诵会",30多位襄阳诗人声情并茂地朗诵了汪国真的诗作。

5月10日,吉林四平,吉林师范大学博达学院学生工作处联合《博达学院报》编辑部共同举办了"缅怀汪国真·重温时代记忆"主题春风诗会,表达对这位青春文学偶像的纪念。诗会期间,高校学子们齐聚在吉林师范大学夫子广场前,进行汪国真诗歌交流沙龙活动,朗诵汪国真的经典诗歌,共同走进汪国真的青春世界。

…………

雁过留声,人过留名。

诗人已经逝去，身后仍是怀念的热潮。汪国真若在天之灵有知，此生已然无憾。

在新闻报道、友人怀念、学界评论、悼念活动之外，汪国真生前所在单位——中国艺术研究院也在诗人离世的惋惜之余，举办了一场"青春犹在——诗人汪国真追思会"。

2015年5月27日上午，汪国真生前所在单位的同事、家人、好友以及众多自发赶来参会的汪国真诗歌爱好者，聚集在中国艺术研究院，一同追思这位当代著名诗人和文化教育学者。

中国艺术研究院院长王文章的发言掷地有声：汪国真是我们可敬的、大家非常欢迎的、非常亲和的一位同事，同时也是著名诗人。汪国真英年早逝，作为诗人，曾有人质疑他，但是我想，汪国真却是中国当代一位非常著名的诗人，有他的独特性——任何具有独特性的文学艺术创作在一段时期内都不可能被人类广泛地认知，但这并不妨碍对汪国真的正确评价。随着时间的推移，汪国真众多诗篇中的精品会流传下来，一些经典的诗句会被人们广泛传诵。中国艺术研究院为有汪国真这样的诗人而骄傲……

斯人已逝，但他的光辉不会消散，会永远留存在文学艺术的星空上闪烁发光。

不过，诗人尚有很多未竟的事业，比如他构想的"歌遍中国"，比如他的个人音乐会，等等，爱着诗人的读者们一定会渴望完成诗人的心愿，正如汪国真的妹妹汪玉华所说："我愿意帮他把没做完的事情做完。"

愿诗人安息，天堂里，您仍是卓越的人。

英年早逝的诗人，将笑容留于身后

后　记

　　时间总是过得飞快，倏然间，一年时间竟然已经过去了。

　　2016 年的 4 月 26 日，是汪国真逝世一周年的日子。这一天，怀念汪国真追思会暨"汪国真作品音乐会"新闻发布会在京召开。会上，我见到了许多熟悉的面孔，不仅有国真先生的亲属，还有他生前的领导、好友、合作伙伴及众多远道而来的读者们。这些人中的一部分正是我在这一年间的采访对象，他们的回忆已成为我创作这部人物传记的素材源泉。此时，国真先生的学生李素红正在墓地为先生扫墓，微信发来的图片里，墓碑上的照片中那个熟悉的面孔依旧那么令人亲切。我的耳畔响着与会者怀念的话语，脑海中总是浮现出诗人往昔的点滴。我意识到，这部在一年间创作完成的传记，该是对诗人最好的纪念，因为它勾勒出了一个文化人的人生轨迹，至少能让那些知道汪国真的人看到的不只是光环，而是一个真实的人——事业上，他为文学艺术之梦而努力，虽有幸运，亦有艰苦；事业外，他是一个被爱包围的人，无论是家人、恋人或是友人，给予他的爱都那么浓，也许，浓浓的爱反而让背负它的人很疲惫，但被爱的人一定是一个可爱的人。这本书，就是给这位可爱的人的礼物。

　　会议间隙，终于从责任编辑唐明星老师手中接过出版合同，我相信，我为这部书稿选择了一个极为优秀的出版社，一定会为读者奉上一部富含书卷气的诗人传记。此时，我同很多人一样，期待着这部作品早日问世。

　　行文至此，受汪国真的妹妹汪玉华女士嘱托，特将她的电子邮箱 yuhuadzyx@sina.com 公布在书中，便于汪国真生前的友人、合作者及读者与家属取得联系。同时，我也留下我的邮箱 850783451@qq.com，欢迎读者向我讲述一些本书中未曾记述的诗人往事，使本书在未来能够因为有更丰富的素材而得以修订。

　　最后，感谢所有在此书创作、出版过程中给予过无私帮助的人，衷心谢谢你们的支持！

窦欣平
2016 年 5 月 15 日于北京宁欣斋

汪国真大事年表

●1956 年 6 月 22 日,汪国真生于北京。

●1963 年 9 月起,汪国真就读于北京和平里第一小学。

●1964 年 2 月,因父亲汪振世工作调动,汪国真转校至北京二龙路学校分校,继续小学课程。

●1968 年 9 月,汪国真小学毕业,进入北京师范大学附属实验中学,就读初中课程。

●1971 年 12 月,汪国真初中毕业,进入北京第三光学仪器厂(北京仪器仪表修理厂),从学徒工开始,逐渐成长为一名铣工。

●1977 年冬天,国家恢复全国高等院校招生考试,汪国真走进了曾被关闭了十余年的高考考场,第一次参加高考。

●1978 年,汪国真和妹妹汪玉华一道走进高考考场,双双考取大学。汪国真被暨南大学中文系录取,汪玉华被北京建工学院工程机电系录取。

●1978 年 10 月,汪国真走进暨南大学,开始了大学生活。

●1979 年 4 月 12 日,《中国青年报》刊发汪国真的组诗《学校的一天》。

●1982 年 8 月,汪国真大学毕业,分配到中国艺术研究院工作,担任文化艺术出版社《中国文艺年鉴》编辑。

● 1984 年 10 月，《年轻人》杂志第 10 期上刊发了汪国真的诗歌《我微笑着走向生活》，成为汪国真文学道路上第一首引起读者强烈反响的诗。

● 1985 年，《青年文摘》《青年博览》分别转载了《我微笑着走向生活》。

● 1988 年，汪国真参加中央电视台第一届"如意杯"主持人大赛，未进入十强。

● 1988 年，《追求》杂志第 2 期上刊发了汪国真的组诗《年轻的思绪》，第 10 期的《青年文摘》进行了转载，同一期更将组诗中的《热爱生命》作为当期的卷首语，产生了强烈的社会反响。《热爱生命》成为汪国真的成名作。

● 1990 年，汪国真先后在《辽宁青年》《中国青年》《女友》等知名期刊开设专栏。

● 1990 年 6 月，汪国真第一部诗集《年轻的潮——汪国真抒情诗选》由学苑出版社正式出版发行，由此掀起了一股猛烈的"汪国真潮"。

● 1990 年 7 月 4 日，汪国真的第一部诗集《年轻的潮》被《新闻出版报》列为十大畅销书之一，文艺类独此一本。

● 1990 年 8 月，汪国真第二本诗集《年轻的思绪——汪国真抒情诗抄》由文化艺术出版社正式出版。

● 1991 年 3 月 1 日，参加在中南海怀仁堂举办的江泽民总书记与文艺界知名人士座谈会。

●1991年，参加中央电视台五四青年节特邀节目主持人选拔赛，获得第6名。

●1991年，《年轻的思绪——汪国真抒情诗抄》一书获得全国图书"金钥匙"奖。

●1991年2月，杭宏演唱的《青春时节——汪国真抒情诗系列歌曲之一》音乐盒带正式出版发行，在《中国青年报》月度十佳优秀畅销磁带评选闯入前三。

●1992年，《汪国真爱情诗精品欣赏：青春的情感》一书获得全国图书"金钥匙"奖。

●1993年，《汪国真哲思短语》一书获得全国图书"金钥匙"奖。

●1993年，汪国真开始练习书法，临摹王羲之、怀素等大家的书法。

●1997年7月，北京零点调查公司对"人们所欣赏的当代中国诗人"调查表明，在新中国成立后出生的诗人中，汪国真名列第一；他的诗集发行量创有新诗以来诗集发行量之最。

●2000年，汪国真的五篇散文入选人民教育出版社出版的全日制普通高级中学《语文》课本第一册。

●2001年，汪国真的诗作《旅程》入选人民教育出版社出版的义务教育课程标准实验教科书《语文》七年级上册。

●2001年，汪国真的散文《雨的随想》入选高等教育出版社出版的中等职业教育国家规划教材《语文》（基础版）第一册。

●2002年3月19日，四川《天府早报》刊发了一篇作者署名为杨翘楚，题为《昔日倜傥诗人 今日卖字求生》的报道，杜撰新闻内容，入选《新闻记者》杂志公布的"2002 年十大假新闻"。

●2002 年，汪国真入选中国文联出版社出版的《中国百年书画走红名家》。

●2003 年，汪国真的诗作《热爱生命》入选语文出版社出版的义务教育课程标准实验教科书《语文》九年级下册。

●2003 年，他入选中国文联出版社出版的《书画之魂——中国当代书画名家大观》。

●2003 年 11 月，中国音乐家音像出版社出版了汪国真作曲的首张音乐（舞曲）专辑《听悟汪国真——幸福的名字叫永远》。

●2003 年 12 月至 2004 年 1 月，汪国真应邀连续四期担任中央电视台《音乐擂台》歌手比赛评委。

●2004 年，民族出版社出版了由汪国真作曲的《小学生必修 80 首古诗词曲谱》一书。

●2005 年，汪国真入选国际文化出版公司出版的《中国当代水墨艺术年鉴》。

●2005 年 9 月起，汪国真的书法作品作为中央领导同志出访的礼品赠送外国政党和国家领导人，中共中央对外联络部礼宾局颁发证书。

●2006 年 4 月 13 日，汪国真书法作品入选在北京民族文化宫举办的"第 18 届全国文房四宝艺术博览会暨中国书画名家作品邀请展"。

●2007 年，汪国真当选中国国画家协会理事。

●2007 年，汪国真的诗作《我不期望回报》入选江苏教育出版社出版的义务教育课程标准实验教科书《语文》六年级上册。

●2007年，汪国真被美国内申大学（Nation Institute of USA）聘为客座教授、博士生导师。

●2008年，汪国真的诗作《我微笑着走向生活》入选河北教育出版社出版的义务教育课程标准实验教科书《语文》五年级上册。

●2008年，汪国真被暨南大学聘为兼职教授。

●2008年，汪国真完成了为400首古诗词谱曲的工作。

●2009年，汪国真入选中央电视台《我们共同走过》新中国成立60周年百名代表人物之一。

●2009年6月，汪国真应邀担任上海大学生音乐节评委会主席。

●2009年12月12日，北京音乐厅举办"唱响古诗词·汪国真作品音乐会"。

●2009年12月，中国国际广播音像出版社出版发行《唱着歌儿学古诗·汪国真古诗词歌曲（40首)》唱片专辑。

●2009年10月，《中国青年》杂志评出新中国成立60周年十名代表人物（钱学森、黄继光、荣毅仁、焦裕禄、邢燕子、张海迪、崔健、汪国真、张艺谋、姚明），汪国真为其中之一。

●2009年10月，汪国真担任中国教育学会"十二五"首批科研规划滚动课题《经典美文与语文课堂读写教学研究》顾问专家组成员。

●2010年9月，中国国际广播音像出版社出版发行《汪国真音乐作品歌遍中国系列（涉美县)》。

●2011年，汪国真的诗作《热爱生命》入选合肥工业大学出版社出版的《高等语文》。

●2011 年起，汪国真的字画陆续在保利、嘉德、瀚海等顶级拍卖公司拍卖，行情节节攀升。

●2012 年 7 月，汪国真开通网易轻博客，汪国真官网开通新浪微博、腾讯微博。

●2013 年 10 月 7 日，中华人民共和国国家主席习近平在印度尼西亚巴厘岛出席亚太经合组织领导人非正式会议上发表题为《深化改革开放 共创美好亚太》的重要演讲，引用了《山高路远》中的诗句："没有比人更高的山，没有比脚更长的路。"

●2013 年 11 月 2 日，广东清远举办"飞扬的青春·美丽中国梦"汪国真诗歌朗诵名人汇。

●2013 年，中国国际广播音像出版社出版发行《唱着歌儿学古诗·汪国真古诗词歌曲（80 首）》唱片专辑。

●2013 年，汪国真作曲的《晓出净慈寺送林子方》入选中国音乐学院的教材《中国古典诗词歌曲教程》。

●2013 年，清华大学出版社出版了清华大学外文系教授、翻译家蒋隆国翻译的汪国真首部汉英对照诗选——《诗情于此终结：汉英对照汪国真诗选》。

●2014 年，汪国真的诗集被翻译成韩文版、日文版、英文版，并在海外出版发行。

●2014 年 1 月 12 日，汪国真出席中央电视台三农人物颁奖典礼，并担任开奖嘉宾。

●2014 年 5 月 29 日，汪国真出席在河南开封清明上河园举办的"2014 中国（开封）宋韵端午诗会"。

●2014 年 9 月 30 日，汪国真艺术发展中心在山东济南市高新区齐鲁文化创意基地正式挂牌成立。

●2014 年 10 月，汪国真开始主持广东卫视大型原创文化艺术竞技类真人秀节目《中国大画家》。

●2014 年 11 月，中国邮政发行《传递正能量·共铸中国梦——汪国真纪念珍藏邮册》。

●2014 年 11 月 19 日，汪国真出席首届世界华文文学大会高端论坛并发表演讲。

●2014 年 12 月 26 日，"2014 两岸诗会高端论坛"在海口举行，汪国真参会并获得"2014 桂冠诗人"奖。

●2015 年 4 月 26 日凌晨 2 时 10 分，汪国真在京逝世，享年 59 岁。

汪国真主要著作出版年表

《年轻的潮——汪国真抒情诗选》，学苑出版社，1990年。

《年轻的思绪——汪国真抒情诗抄》，文化艺术出版社，1990年。

《年轻的风》，花城出版社，1990年。

《汪国真自选诗112首》，中国文学出版社，1991年。

《汪国真校园诗选》，浙江文艺出版社，1991年。

《汪国真诗文精萃》，国际文化出版公司，1991年。

《汪国真自选抒情诗128首：年轻的风流》，群众出版社，1991年。

《汪国真自选最新诗文集》，中国广播电视出版社，1991年。

《汪国真爱情诗精品欣赏：青春的情感》，中国国际广播出版社，1991年。

《汪国真独白》，国际文化出版公司，1991年。

《汪国真自选作品集》（珍藏版），四川文艺出版社，1991年。

《汪国真其人其事》，中国友谊出版公司，1991年。

《汪国真爱情诗选》（1），中国友谊出版公司，1991年。

《汪国真哲思短语》（1），中国友谊出版公司，1991年。

《汪国真抒情诗80首硬笔字帖》，中国文联出版公司，1991年。

《汪国真抒情诗钢笔字帖》，湖南文艺出版社，1991年。

《汪国真诗文选》（珍藏版），内蒙古人民出版社，1991 年。

《汪国真抒情诗选粹》，知识出版社，1991 年。

《潇洒的爱——汪国真诗精选》，甘肃人民出版社，1991 年。

《汪国真诗——99 首名篇赏析与批评》，陕西旅游出版社，1992 年。

《1994·汪国真哲思短语》，时代文艺出版社，1994 年。

《1994·汪国真抒情诗选》，时代文艺出版社，1994 年。

《最新·汪国真哲思短语》（增订本），时代文艺出版社，1995 年。

《汪国真诗文集·抒情诗》（首版），内蒙古人民出版社，1996 年。

《汪国真诗文集：哲思短语》（首版），内蒙古人民出版社，1996 年。

《汪国真诗文集（散文·歌词·诗词·书法)》，内蒙古人民出版社，1996 年。

《精选汪国真抒情诗短诗钢笔字帖》，时代文艺出版社，1997 年。

《汪国真精品集：抒情诗》，青海人民出版社，1998 年。

《汪国真旅游作品选集——旅游，一个春天的梦》，中国旅游出版社，1998 年。

《汪国真诗文集：诗歌、散文、小语、书法》，内蒙古人民出版社，1999 年。

《汪国真精品散文集》，青海人民出版社，1999 年。

《汪国真诗集》（1—3 册），广东旅游出版社，2000 年。

《汪国真诗文集》，内蒙古人民出版社，2000 年。

《汪国真抒情诗》，青海人民出版社，2001 年。

《汪国真新作选》，新华出版社，2002 年。

《汪国真诗文经典》，广西人民出版社，2002 年。

《汪国真诗文集》（珍藏版），内蒙古人民出版社，2002 年。

《汪国真诗文集》（珍藏版），内蒙古科学技术出版社，2002 年。

《汪国真精品集》（抒情诗·诗词·歌词），青海人民出版社，2003 年。

《汪国真诗文选》，漓江出版社，2003 年。

《汪国真诗文选集》，青海人民出版社，2003 年。

《听悟汪国真——幸福的名字叫永远》，中国音乐家音像出版社，2003 年。

《小学生必修 80 首古诗词曲谱》，民族出版社，2004 年。

《国真私语》，北岳文艺出版社，2004 年。

《汪国真作品集》，上海译文出版社，2005 年。

《汪国真作品集》，南海出版社，2005 年。

《汪国真诗词精选》，春风文艺出版社，2005 年。

《汪国真诗文集》，广东旅游出版社，2007 年。

《汪国真精品集》，南海出版社，2007 年。

《汪国真经典诗文》，中国画报出版社，2008 年。

《汪国真诗集：心灵深处的对话》，鹭江出版社，2008 年。

《汪国真精品集》，作家出版社，2008 年。

《唱着歌儿学古诗·汪国真古诗词歌曲（40 首）》，中国国际广播音像出版社，2009 年。

《汪国真经典代表作 1》，作家出版社，2010 年。

《汪国真经典代表作2》，作家出版社，2010 年。

《汪国真音乐作品歌遍中国系列（涉县美）》，中国国际广播音像出版社，2010 年。

《秋风入弦：汪国真古典诗词集》，群众出版社，2011 年。

《汪国真精选集》（典藏版），北京燕山出版社，2011 年。

《中外名家经典诗歌·汪国真卷：热爱生命》，长江文艺出版社，2011 年。

《汪国真诗书音画》，江苏文艺出版社，2011 年。

《走出喧嚣·汪国真经典诗歌散文朗诵》，中国国际广播音像出版社，2011 年。

《汪国真精品集》，北岳文艺出版社，2012 年。

《汪国真书画作品集》，荣宝斋出版社，2012 年。

《热爱生命：汪国真作品中学生读本》，北方妇女儿童出版社，2012 年。

《汪国真经典诗文鉴赏：我微笑着走向生活》，中国画报出版社，2013 年。

《汪国真诗文全集》，广东旅游出版社，2013 年。

《诗情画意：汪国真·程亚杰·诗画》，天津人民美术出版社，2013 年。

《操驰画作》，岭南美术出版社，2013 年。

《诗情于此终结：汉英对照汪国真诗选》，清华大学出版社，2013 年。

《唱着歌儿学古诗·汪国真古诗词歌曲（80首）》，中国国际广播音像出版社，2013年。

《青春正能量：打动千万年轻人心扉的汪国真诗文》，广东旅游出版社，2014年。

《汪国真诗集》，华文出版社，2014年。

《汪国真精选集》（自选典藏版），广东旅游出版社，2014年。

《汪国真精选集》（自选典藏版·限量珍藏纪念版），广东旅游出版社，2014年。

《名家经典诗歌系列：汪国真诗精编》，长江文艺出版社，2014年。

《青春在路上》，新华出版社，2015年。

《再见汪国真》（珍藏版），中国国际广播出版社，2015年。

《热爱生命：汪国真经典诗文》，黑龙江科学技术出版社，2015年。

《汪国真精选集·世纪文学经典》，北京燕山出版社，2015年。

母亲的爱

我们也爱母亲

却和母亲爱我们不一样

我们的爱是溪流

母亲的爱是海洋

茇茇草上的露珠

又圆又亮

那是太阳给予的光芒

四月的日子

半是烂漫　半是辉煌

那是春风走过的地方

我们的欢乐

是母亲脸上的微笑

我们的痛苦

是母亲眼里深深的忧伤

我们可以走得很远很远

却总也走不出母亲心灵的广场

山高路远

呼喊是爆发的沉默

沉默是无声的召唤

不论激越

还是宁静

我祈求

只要不是平淡

如果远方呼唤我

我就走向远方

如果大山召唤我

我就走向大山

双脚磨破

干脆再让夕阳涂抹小路

双手划烂

索性就让荆棘变成杜鹃

没有比人更高的山

没有比脚更长的路

不曾改

追求不曾改

那追求

像涨潮时的大海

退了　还会再来

向往不曾改

那向往

如同身上的血脉

与生命同在

青春不曾改

那青春

改变的只是容颜

可那一颗心呵

永远与春花一样

——汹涌澎湃地开

感 谢

让我怎么感谢你
当我走向你的时候
我原想收获一缕清风
你却给了我整个春天

让我怎么感谢你
当我走向你的时候
我原想捧起一簇浪花
你却给了我整个海洋

让我怎么感谢你
当我走向你的时候
我原想撷取一枚红叶
你却给了我整个枫林

让我怎么感谢你
当我走向你的时候
我原想亲吻一朵雪花
你却给了我银色的世界

美好的情感

总是从最普通的人们那里

我们得到了最美好的情感

风把飘落的日子吹远

只留下记忆在梦中轻眠

善良，不是夜色里的松明

却总能把前途照亮　把热血点燃

真诚，不是春光里的花朵

却总能指示希望　把憧憬编织成花篮

往事总是很淡很淡

如缕如烟

却又令人　难以忘怀

感激总是很深很深

如海如山

却又让人　哑口无言

学会等待

不要因为一次的失败就打不起精神
每个成功的人背后都有苦衷

你看即便像太阳那样辉煌
有时也被浮云遮住了光阴
你的才华不会永远被埋没
除非你自己想把前途葬送

你要学会等待和安排自己
成功其实不需要太多酒精
要当英雄不妨先当狗熊
怕只怕对什么都无动于衷

河上没有桥还可以等待结冰
走过漫长的黑夜便是黎明

校园的小路

有幽雅的校园

就会有美丽的小路

有美丽的小路

就会有求索的脚步

忘却的事情很多很多

却忘不掉这条小路

记住的事情很多很多

小路却在记忆最深处

小路是条河

流向天涯

流向海角

小路是只船

驶向斑斓

驶向辉煌

小湖秋色

秋色里的小湖

小湖里的秋色

岸在水里憩

水在岸上漾波

风来也婆娑

风去也婆娑

湖边稀垂柳

湖中鱼儿多

小湖什么都说了

小湖什么都没说

惜时如金

用心灵追赶金色的时间
用憧憬编织绚丽的花环
捧起庄严的书本
走向风
走向雨
走向大自然

思索在历史的沙滩
听大海弹奏如泣的慢板
摆动不懈的双脚
耸起巍峨的信念
让今日的平静
掀起明天的狂涛巨澜

学校的一天

晨练：

天将晓　同学醒来早

打拳做操练长跑

锻炼身体好

早读：

东方白　结伴读书来

书声琅琅传天外

壮志在胸怀

听课：

讲坛上　人人凝神望

园丁辛勤育栋梁

新苗看茁壮

赛球：

篮球场　气氛真紧张

龙腾虎跃传球忙

个个身手强

灯下：

星光间　同学坐桌前

今天灯下细描绘

明朝画一卷

青春时节

当生命走到青春时节
真不想再往前走了

我们是多么留恋
这份魅力和纯洁
可是不能呵
前面是鸥鸟的召唤
身后是涌浪般的脚步
和那不能再重复一遍的岁月

时光那么无情
青春注定要和我们诀别
时光可也有意呵
毕竟给了我们
璀璨的韶华和炽热的血液

我们对时光
该说些什么呢
是尤怨
还是感谢

旅　伴

这一次握别

就再也难以相见

隔开我们的不仅有岁月

还有风烟

有一缕苦涩

萦绕心间

迎着你的是雾一样的惆怅

背过身去是云一样的思念

命运，真是残酷

为什么我们只能是旅伴

你

典雅如古琴
不知怎样的一颗心
才能弹

墙上的油画
已灿烂了几百年
精致得只如你的背影

仿佛为雨天和落叶而生
行到哪里都让人感怀
走动着是泉水
凝神是竹

对你的想念

对你的印象

仿佛是一幅经典油画

最耐人寻味的是侧影

对你的感觉

仿佛遥远的古韵

弦弦筝筝都动听

对你的想念

仿佛飞檐下的风铃

宁静却不平静

对你的感情呵

仿佛生机盎然的花圃

虽然五颜六色的

但全部是它的内容

选　择

你的路

已经走了很长很长

走了很长

可还是看不到风光

看不到风光

你的心很苦　很彷徨

没有风帆的船

不比死了强

没有罗盘的风帆

只能四处去流浪

如果你是鱼　不要迷恋天空

如果你是鸟　不要痴情海洋

如果生活不够慷慨

如果生活不够慷慨

我们也不必回报吝啬

何必要细细地盘算

付出和得到的必须一般多

如果能够大方

何必显得猥琐

如果能够潇洒

何必选择寂寞

获得是一种满足

给予是一种快乐

唯有追求

生活是一望无际的大海
我是大海上的一叶小舟

大海没有平静的时候
我也总是
有欢乐　　也有忧愁

即使忧愁
如一碗苦涩的黄连
即使欢乐
如一杯香醇的美酒
把他们倾注在大海里
都太淡了　　太淡了

一如过眼烟云
不能常驻我心头
唯有追求
永远和我相伴
在风平浪静的时候
也在浪尖风口

我微笑着走向生活

我微笑着走向生活，
无论生活以什么方式回敬我。

报我以平坦吗？
我是一条欢乐奔流的小河。

报我以崎岖吗？
我是一座大山庄严地思索！

报我以幸福吗？
我是一只凌空飞翔的燕子。

报我以不幸吗？
我是一根劲竹经得起千击万磨！

生活里不能没有笑声，
没有笑声的世界该是多么寂寞。

什么也改变不了我对生活的热爱，
我微笑着走向火热的生活！

热爱生命

我不去想是否能够成功
既然选择了远方
便只顾风雨兼程

我不去想能否赢得爱情
既然钟情于玫瑰
就勇敢地吐露真诚

我不去想身后会不会袭来寒风冷雨
既然目标是地平线
留给世界的只能是背影

我不去想未来是平坦还是泥泞
只要热爱生命
一切，都在意料中

思　念

我叮咛你的

你说　不会遗忘

你告诉我的

我也　全都珍藏

对于我们来说

记忆是飘不落的日子

——永远不会发黄

相聚的时候　总是很短

期待的时候　总是很长

岁月的溪水边

捡拾起多少闪亮的诗行

如果你要想念我

就望一望天上那

闪烁的繁星

有我寻觅你的

目——光

我知道

欢乐是人生的驿站

痛苦是生命的航程

我知道

当你心绪沉重的时候

最好的礼物

是送你一片宁静的天空

你会迷惘

也会清醒

当夜幕低落的时候

你会感受到

有一双温暖的眼睛

我知道

当你拭干面颊上的泪水

你会粲然一笑

那时，我会轻轻对你说

走吧　你看

槐花正香　月色正明

假如你不够快乐

假如你不够快乐

也不要把眉头深锁

人生，本来短暂

为什么　还要栽培苦涩

打开尘封的门窗

让阳光雨露洒遍每个角落

走向生命的原野

让风儿熨平前额

博大可以稀释忧愁

深色能够覆盖浅色

只问一声爱吗

你向我走来
我向你走去
终于，我们并肩
站在了一起

虽然我高出你许多
但，你也无须把脚尖踮起
只问一声爱吗
就足够了，只要有爱
就能缩短一切距离

世俗是一张无形的大网
我们可不是网里的游鱼
让别人去说三道四吧
就这样　我们肩并肩
坦然地向前走去
大喊一声：爱……

但是，我更乐意

为什么要别人承认我
只要路没有错
名利从来是鲜花
也是枷锁

无论什么成为结局
总难免兴味索然
流动的过程中
有一种永恒的快乐

尽管，我有时也祈求
有一个让生命辉煌的时刻
但是，我更乐意
让心灵宁静而淡泊

永恒的心

岁月如水

流到什么地方

就有什么样的时尚

我们怎能苛求

世事与沧桑

永不改变的

是从不羞于见人的

真挚与善良

人心

无论穿什么样的衣裳

都会　太不漂亮

祝你好运

还没有走完春天
却已感觉春色易老
时光湍湍流淌
岂甘命运　有如蒿草

缤纷的色彩　使大脑晕眩
淡泊的生活　或许是剂良药
人，不该甘于清贫
可又怎能没有一点清高
枯萎的品格
会把一切葬送掉

祝你好运
愿你的心灵　和运气一样好

跨越自己

我们可以欺瞒别人

却无法欺瞒自己

当我们走向枝繁叶茂的五月

青春就不再是一个谜

向上的路

总是坎坷又崎岖

要永远保持最初的浪漫

真是不容易

有人悲哀

有人欣喜

当我们跨越了一座高山

也就跨越了一个真实的自己

真　想

真想为你做点什么
因为　我总觉得所欠太多
仿佛是结满浓荫的枝柯
蔽着我　一个疲惫的跋涉者

真想回报你以温暖
却不是太阳
真想回报你以雨水
我又不是云朵

真想了却的心愿不能了却
不只是遗憾　也是折磨

多一点爱心

多一点爱心
少一点嫉妒
我们欠缺的那把鲜花
时光自会弥补

让我们学会爱
学会真诚地祝福
在别人快乐的微笑面前
我们的眼睛　总是清澈如水
只为自己的不幸
有时，才浮出些淡淡的云雾

或许我们会永远平凡
平凡也有宁静的风度

只要明天还在

只要春天还在

我就不会悲哀

纵使黑夜吞噬了一切

太阳还可以重新回来

只要生命还在

我就不会悲哀

纵使陷身茫茫沙漠

还有希望的绿洲存在

只要明天还在

我就不会悲哀

冬雪终会悄悄融化

春雷定将滚滚而来

怀　想

我不知道

是否　还在爱你

如果爱着

为什么　会有那样一次分离

我不知道

是否　早已不再爱你

如果不爱

为什么　记忆没有随着时光

流去

回想你的笑靥

我的心　起伏难平

可恨一切

都已成为过去

只有婆娑的夜晚

一如从前　那样美丽

叠纸船的女孩

他长大了
认识了一个
喜欢叠纸船的女孩
那个女孩喜欢海
喜欢海岸金黄的沙滩
喜欢在黄昏里的沙滩漫步

有一天
那个女孩漫步
走进了他家的门口
晚上，妈妈问他
是不是有个女孩子来过了
他回答说
没有，没有呵

妈妈一笑
问那个纸船是谁叠的

六　年

你没有走近我
却走进了我的记忆

我没有走近你
却走进了你的日记

六年后
我们才明白了彼此的心事
不禁庆幸　那次错过　不是结局

有你的日子总是有雨

不知是无意还是天意

有你的日子总是有雨

有雨的日子我没有带伞

雨水淋在脸上湿在心里

一生有许多相遇

最快乐的相遇是认识了你

一生有许多过错

最心疼的过错是失去了你

最不想让心哭泣

可又怎么面对这份伤心的故事

为什么　为什么

悲伤总是期待的结局

淡淡的忧伤

淡淡的无奈

淡淡的遗失

……

背　影

背影
总是很简单
简单
是一种风景

背影
总是很年轻
年轻
是一种清明

背影
总是很含蓄
含蓄
是一种魅力

背影
总是很孤零
孤零
更让人记得清

也　许

也许，永远没有那一天

前程如朝霞般绚烂

也许，永远没有那一天

成功如灯火般辉煌

也许，只能是这样

攀援却达不到峰顶

也许，只能是这样

奔流却掀不起波浪

也许，我们能给予你的

只有一颗

饱经沧桑的心

和满脸风霜

我不期望回报

给予你了

我便不期望回报

如果付出

就是为了　有一天索取

那么，我将变得多么渺小

如果，你是湖水

我乐意是堤岸环绕

如果，你是山岭

我乐意是装点你姿容的青草

人，不一定能使自己伟大

但一定可以

使自己崇高

豪放是一种美德

我从眼睛里

读懂了你

你从话语里

弄清了我

含蓄是一种性格

豪放是一种美德

别对我说

只有眼睛才是

心灵的真正折射

如果没有语言

我们在孤寂中

收获的只能是沉默……

倘若才华得不到承认

倘若才华得不到承认

与其诅咒　不如坚忍

在坚忍中积蓄力量

默默耕耘

诅咒　无济于事

只能让原来的光芒暗淡

在变得暗淡的光芒中

沦丧的更有　大树的精神

飘来的是云

飘去的也是云

既然今天

没人识得星星一颗

那么明日

何妨做　皓月一轮

闪光的生命不易老

裂变的情感

仿佛夏日隔夜的盛宴

味道已变

样子也不再好看

既然已准备倒掉

又何必留恋

珍惜生活

努力活得像星星一样璀璨

闪光的生命不易老

它总是那么光彩

灿烂在岁岁年年

如　果

如果你是大河
何必在乎
别人把你说成小溪

如果你是峰峦
何必在乎
别人把你当成平地

如果你是春天
何必为一瓣花朵的
凋零叹息

如果你是种子
何必为还没有
结出果实着急

如果你就是你
那就静静微笑
沉默不语

生命之爱

我渴望走进

你的生活里去

不是为了

破译秘密

面对变幻无穷的季节

谁能奢望　一览无余

我将用整个生命爱你

却也会始终属于自己

回首我们相处的日子

你会发现

只有秋天留下的些许痕迹

我并不孤独

我并不孤独

有忧伤为我祝福

走在梦一般的大森林里

我迷了路

眼前是一片轻柔的薄雾

阳光透过茂密的树枝

心敲响金色的鼓

哪里是我回家的小径

问枝头的小鸟

也问脚下的泥土

不能失去的平凡

总有许多梦不能圆
在心中留下深深的遗憾
当喜鹊落在别人的枝头
那也该是我们深深的祝愿

是欢乐就与友人共享
是痛苦就独自默默承担
任愁云飘上安静的脸庞
人心永远向着善

生命可以没有灿烂
不能失去的是平凡

旅　行

凡是遥远的地方

对我们都有一种诱惑

不是诱惑于美丽

就是诱惑于传说

即使远方的风景

并不尽如人意

我们也无须在乎

因为这实在是一个

迷人的错

仰首是春　俯首是秋

愿所有的幸福都追随着你

月圆是画　月缺是诗

把握，靠睿智

百万大军可败如溃堤

一衣香脂可杀气重重

女弱　男雄

谁能说得清

几个蠹贼

足以致手忙脚乱

大敌当前

仍可吟风弄月

蠹材　只会慌张

帅才　总是从容

太少的给予让人无动于衷

太深的眷恋让人生娇恃宠

把握　靠睿智

把握不了靠命

一片向往

有一条道路

走过了总会想起

有一种感情

经过了就再也难以忘记

有一个高度

总是叫人难以企及

有一片向往

真是让人不能舍弃

就仿佛那

春光可饮　秋色可依

把未来眺望

欲望是一副枷锁

却有着最亮丽的伪装

当它成为主宰你的国王

你便注定了要黯然退场

这个世界不相信什么是伤感

成功和失败的区别

也绝不仅仅是正规和草莽

街上的人们似乎都一样

但他们每天走向的却是不同的地方

命运不是不可逾越的宫墙

我们需要的是

用坚毅和坚定的目光

把未来眺望

走向远方

是男儿总要走向远方

走向远方是为了让生命更辉煌

走在崎岖不平的路上

年轻的眼眸里装着梦更装着思想

不论是孤独地走着还是结伴同行

让每个脚印都坚实而有重量

我们学着承受痛苦

学着把眼泪像珍珠一样收藏

把泪水都贮存在成功的那一天流

那一天

哪怕流它个大海汪洋

我们学着对待误解

学着把生活的苦酒当成饮料一样慢慢品尝

不论生命历经多少委屈和艰辛

我们总是以一个朝气蓬勃的面孔

醒来在每一个早上

我们学着对待流言

学着从容而冷静地面对世事沧桑

"猝然临之而不惊，无故加之而不怒"

这便是我们的大勇

我们的修养

我们学着只争朝夕

人生苦短

道路漫长

我们走向并珍爱每一处风光

我们不停地走着

不停地走着的我们也成了一处风光

走向远方

从少年到青年

从青年到老年

我们从星星变成了夕阳……

小　城

小城在梦里
小城是故乡
小城的石径弯弯
小城的巷子长长

小城没有
烟囱长长的叹息
小城没有
声音汹涌的波浪

小城的旋律是潺潺的
小城的空气是蓝蓝的
小城是一位绣花女
小城是一个卖鱼郎

磨难使人优秀

磨难使人优秀

那种顽强的品质

只有经历了才有

雨落下来了

等一等

就到了天晴的时候

雪飘下来了

朋友们呵

我们什么时候去春游

何光能胜　奋斗之光

或是因为深刻

或是因为思想

或是因为创造

或是因为高尚

或是因为改变历史进程

或是因为造福社稷　功德无量

总有一些人

闪烁在人类历史的星空上

是啊

这名牌　那名牌

何牌能比　自身就是名牌

这闪光　那闪光

何光能胜　奋斗之光

写给儿子的话

过去已成为历史

重要的是如何去写未来的日志

逝去了的会是一种暗示

它会影响却不能决定

你怎样写就明天的故事

生活不会是迎风招展的花枝

你将历尽艰辛

才能拿到开启成功之门的钥匙

去建一座美丽的城市

证明自己是最富有创意的设计师

旅　程

意志倒下了

生命也就不再屹立

歪歪斜斜的身影

又怎耐得

秋风萧瑟　晚来风急

垂下头颅

只是为了让思想扬起

你若有一个不屈的灵魂

脚下

就会有一片坚实的土地

无论走向何方

都会有无数双眼睛跟随着你

从别人那里

我们认识了自己

别令江南冷

树摇窗影

别令江南冷

绿水青山四时景

顿教无言泪哽

人生一瞬百年

哪堪去去还还

不论漂泊何地

只祈如水如船

能够认识你，真好

不知多少次
暗中祷告
只为了心中的梦
不再缥缈

有一天
我们真的相遇了
万千欣喜
竟什么也说不出

只用微笑说了一句
能够认识你，真好

我们是最美的风景

当你把命运握在手中
一切，便都显得从容
当我们来到这个世界
便肩负了某种与生俱来的使命

历史仿佛一口深不可测的古井
北斗好像是照亮未来的明灯
不论前面何时是悲何时是喜
随时准备收拾好自己的心情

春雨把大地冲洗干净
蚯蚓让泥土变得疏松
种子在悄悄发芽
啊，春天仿佛我们
我们最美的风景

美丽的季节

这是一个美丽的季节

青春似花开遍了原野

风儿吹动着我们的思绪

思绪像飞舞的彩蝶

有过多少回忆和憧憬

蓝天你可像春风一样理解

有过多少故事和情节

飘落大地一片雪白纯洁

美丽的季节是年轻的我们

年轻的我们是美丽的季节

给我一个微笑就够了

不要给我太多情意
让我拿什么还你
感情的债是最重的呵
我无法报答　又怎能忘记

给我一个微笑就够了
如薄酒一杯，像柔风一缕
这就是一篇最动人的宣言呵
仿佛春天　温馨又飘逸

祝　愿

因为你的降临

这一天

成了一个美丽的日子

从此世界

便多了一抹诱人的色彩

而我记忆的画屏上

更添了许多

美好的怀念　似锦如织

我亲爱的朋友

请接受我深深的祝愿

愿所有的欢乐都陪伴着你

到远方去　到远方去

熟悉的地方没有景色

嫁给幸福

有一个未来的目标
总能让我们欢欣鼓舞
就像飞向火光的飞蛾
甘愿做烈焰的俘虏

摆动着的是你不停的脚步
飞旋着的是你美丽的流苏
在一往情深的日子里
谁能说得清
什么是甜
什么是苦
只知道
确定了就义无反顾

要输就输给追求
要嫁就嫁给幸福

让我们把生命珍惜

世界是这样地美丽

让我们把生命珍惜

一天又一天

让晨光拉着我

让夜露挽着你

只要我们拥有生命

就什么都可以争取

一年又一年

为了爱我们的人

也为了我们自己